孔子直系第七十七代

孔徳成が説く孔子の思想

孔徳成［著］

淡島成高［編訳］

麗澤大学出版会

孔子第七十七代裔孫

孔徳成

モラロジー研究所「伝統の日」での特別講演（平成 11 年〔1999〕6 月 6 日）

昭和10年〔1935〕

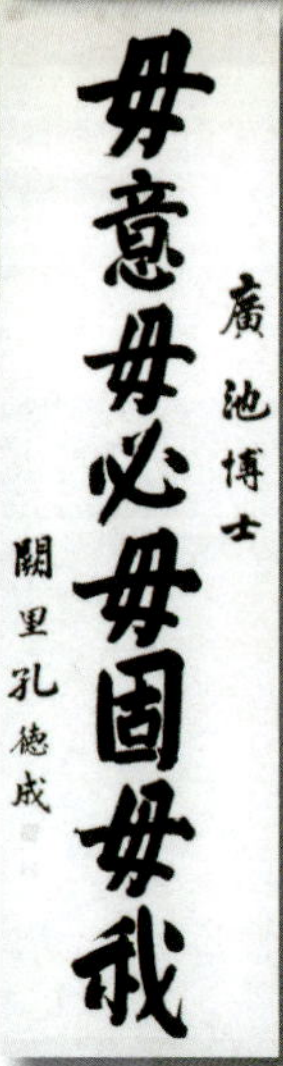

「日孜孜」「毋意毋必毋固毋我」（意なく必なく固なく我なし）の書は、孔徳成氏16歳のとき、道徳科学専攻塾の開設を祝して、廣池千九郎博士に贈られたもの（昭和10年11月）

孔徳成氏13歳肖像
（昭和7年〔1932〕）

孔子の第71代子孫・孔昭潤氏と顔回の第74代子孫・顔振鴻氏が来塾
（昭和10年5月3日）

孔徳成氏 82 歳

麗澤大学名誉文学博士学位記授与式で、「孔子が重視した道徳・知識・学問」と題して記念講演（平成 13 年〔2001〕6 月 5 日）

孔徳成氏ご一家、四世代で来訪。中央が孔徳成氏、右へ孔子第 78 代裔孫・孔維益氏（故人）夫人の于曰潔様、第 79 代裔孫・孔垂長氏ご夫妻と第 80 代裔孫・孔佑仁様。廣池千九郎記念講堂にて
（平成 18 年〔2006〕11 月）

昭和32年〔1957〕

孔徳成氏、初来日。
羽田の東京国際空港で孔徳成氏をお迎えする
廣池千英・第２代所長（昭和32年10月13日）

廣池千英所長と

初めての来園の日。廣池学園内の沿道には、モラロジー研究所・廣池学園の教職員や
学生・生徒など約2500名が並び、孔徳成氏をお迎えした（昭和32年10月13日）

道徳科学研究所（現・モラロジー研究所）と廣池学園の正門前で。
中央が孔徳成氏（昭和 32 年 10 月 13 日）

大講堂で行われた記念講演
「孔子の思想と精神」
（昭和 32 年 10 月 13 日）

孔徳成氏の歓迎晩餐会で挨拶する
廣池千英所長（昭和 32 年 10 月 13 日）

昭和50年〔1975〕

モラロジー創建50年記念中央集会で記念講演「孔家2500年の歴史と伝統」
（昭和 50 年 10 月 9 日）

貴賓館でのレセプションでくつろがれる孔徳成氏ご一家。左から長男 孔維益氏（孔子第 78 代裔孫）、孫娘 孔垂梅様、孔徳成氏ご夫妻、二男 孔維寧氏（昭和 50 年 10 月 9 日）

昭和58年〔1983〕

来日された孔徳成氏を迎える廣池千太郎・第３代所長（昭和 58 年 10 月）

昭和63年〔1988〕

廣池千九郎没後 50 年記念中央行事における
記念講演「孔子の思想の本質とその精神的伝統の現代的意義」（昭和 63 年 6 月 4 日）

平成11年〔1999〕

モラロジー研究所では毎年6月に、「伝統の日」を開催。
孔徳成氏を来賓として招き、「儒家の『伝統』観念」と題して特別講演（平成11年6年6日）

麗澤大学で学ぶ台湾からの留学生とご夫妻で懇談（平成11年6年6日）

モラロジー研究所創立 75 周年記念「伝統の日」に参列され、
祝辞を述べられる孔徳成氏（平成 13 年〔2001〕6 月 3 日）

麗澤大学入学式　平成16年〔2004〕

入学式で、約800名の新入生に祝辞を述べられる孔徳成氏
（平成16年4月2日）

孔徳成氏が揮毫された「廣池千九郎記念講堂」の題字前で（平成 16 年〔2004〕4 月1日）

麗澤大学茶道部による野点の席で日本の春を満喫される（平成16 年 4 月 2 日）

平成18年〔2006〕

廣池千九郎記念講堂で行われた孔徳成氏による記念講演「孔子の個人の品性修養と倫理道徳に関する学説」（平成 18 年 11 月 25 日）

貴賓館で開催された孔徳成氏ご一家との会食。
孔徳成氏が 16 歳のとき揮毫した「日孜孜」の扁額が掲げられている（平成 18 年 11 月 25 日）

孔徳成氏と廣池幹堂理事長

モラロジー研究所・廣池学園の教職員の朝礼で挨拶される孔徳成氏
（平成16年〔2004〕4月1日）

麗澤大学に学ぶ台湾からの留学生と（平成18年11月25日）

台北孔子生誕祭参列研修旅行

「台北孔子生誕祭参列研修旅行」は、昭和 46 年〔1971〕の 関東・北関東・南関東モラロジー支部主催で始まったが、正式には、その翌年、第 1 回としてスタートし、平成 28 年〔2016〕で第 45 回を数え、これまで 3,000 余名が参列。

昭和 46 年〔1971〕9 月の参列研修旅行

大成至聖先師奉祀官として、祭祀を締めくくる焼香に臨まれる孔徳成氏
（第 10 回・昭和 56 年〔1981〕9 月 28 日）

台北市の孔子廟において、毎年 9 月 28 日の早朝から行われる孔子生誕祭

孔子生誕祭の前日、孔徳成氏による講演（第 16 回・昭和 62 年〔1987〕9 月 27 日）

第 17 回参列研修旅行（昭和 63 年〔1988〕9 月 28 日）

第 79 代裔孫・孔垂長氏の代読による講演（第 37 回・平成 20 年〔2008〕9 月 27 日）

四世代で京都の紅葉を楽しまれる孔徳成氏ご一家。
孔徳成氏、最後の来日（19 回目）となった（平成 18 年〔2006〕11 月）

孔徳成氏と淡島成高・麗澤大学名誉教授。
孔子廟の貴賓室にて
（平成 13 年〔2001〕9 月 28 日）

廣池学園内に茂る楷の木。
中国山東省曲阜・孔子廟の楷の木の種子（昭和11年〔1936〕寄贈）から育ったもの。
植物学者・牧野富太郎博士は、これを「孔子木」と命名している

孔徳成氏ご夫妻（前列）と長女（後列中央）を囲んで、橋本賢氏ご夫妻。京都にて
（平成 16 年〔2004〕4 月）

序文

孔子第七十九代裔孫
大成至聖先師奉祀官　孔垂長

この度、祖父・孔徳成がかつて招きに応じて講演しました内容を『孔子直系第七十七代　孔徳成が説く孔子の思想』として出版していただく運びとなりましたこと、これはまさに儒学の普及にとりまして、絶大な実質的効果を有するものと確信し、まずは心より感謝の意を申し述べます。

私の祖父・孔徳成は孔子第七十七代の後裔《こうえい》で、出生時にはすでに父親が亡くなっておりましたが、三か月後には衍聖公《えんせいこう》の爵位を継承、十二歳になりますと山東省曲阜《きょくふ》にあります孔府を率いていく指導的立場になりました。後に至って戦乱のため台湾に移り住み、再び中国大陸の土を踏むことはありませんでした。そして、大きな時代的戦乱と様々な状況が眼前で一変するのを目の当たりにしたものの、祖父は終始一貫して奉祀官としての威厳と風格を保ち続け、終生奉祀官としての価値を厳然として守り抜いた生涯でした。祖父の生涯は、私にとりましても心から光栄に感じているところです。

祖父の学識は実に広く、多くの物事に通じていました。当然のことながら学問研究に向ける姿勢は非常に厳しく、金文学や礼学の権威ある学者でした。その経歴として国立台湾大学や多くの最高学府で半世紀を超える教鞭生活を過ごしましたが、八十歳を過ぎてもなお現役として教壇に立ち続けました。後年は行動にやや不自由さがあったものの、学生に支えられて教室に赴き、普段通りに授業を行い、自身が終生身につけたすべてを学生に伝授すべく、数十年にわたって、学生が最も尊敬すべき「孔尊師」であり続けました。まさしく「人を誨《おし》えて倦《う》まず」を実践した人で、固く職責を守ることにかけてはこれぞ鑑となる存在で、「道を伝える」「学問を伝授する」「難問を解く」にあたっての最も相応しく象徴的な存在でした。

祖父の私への影響は限りなく大きいものでした。人として世に処していくうえでの手本とも言えました。次のような教えがあります。「学は水逆らえども舟行くが如し、進まずんば則ち退く」です。私の記憶の中にある祖父は自宅では常に書物から手を離しませんでした。知を求めること渇望するがごとき態度で、私に知識に対して一種の敬虔な心理を生み出させてくれました。そして、学問研究は人間らしくあることを体現するうえでの道理と同様で、必ずやしっかりと地を踏みしめ、責任感強く一歩一歩着実でなければならないと教え導かれました。

また、祖父の性格は慎ましく、生活も実に質素でした。孔子は次のように述べています。「君子は食飽《あ》くを求むること無く、居《きょ》安きを求むること無く、事に敏にして言に慎み、有道に就きて正す。学を好むと謂《い》うべきのみ」（『論語』学而《がくじ》第一）と。これこそが祖父が生涯を貫き通した君子の姿を凝縮したものと言えましょう。

祖父・孔徳成と廣池学園およびモラロジー研究所とのご縁は大変深いものがあります。廣池学園は、法学博士・廣池千九郎先生が一九三五年に道徳科学専攻塾を開設され、今では麗澤大学をはじめ麗澤中学・高等学校や幼稚園を擁し、教育体系も完備された環境に発展しています。廣池千九郎先生は多くの人たちから心から尊敬を得た教育者でした。先生の提唱されたモラロジーの学説の中心思想は孔子の仁の道であることから、孔子直系の末裔である祖父の来日に心を込めて招聘するため奔走していただきましたが、先生のご存命中は実現することはありませんでした。そして、ご子息の廣池千英先生が父君の事業を継承され、ついには廣池千九郎先生の悲願であった祖父・孔徳成の招聘を実現されたのでした。そして、その後も度々招聘を受け、廣池学園およびモラロジー研究所の方々を対象に孔子の道徳思想や学説について講演をしたり、行事に参加したりして、双方にとって実に緊密で信頼し合える良好な関係を築かれました。

こうして親密で厚い友誼は今日までずっと続いていますが、とりわけ二〇〇五年に、廣池千九郎先生の曾孫にあたる廣池幹堂理事長ご夫妻には、私どもの結婚披露宴に出席のため、わざわざ台湾にお越しいただき、私ども夫婦の前途を心から祝福していただきました。また二〇一三年には中華大成至聖先師孔子協会が台北で、「孔徳成先生逝去五周年の集い」を挙行しましたところ、廣池幹堂先生をはじめモラロジー研究所の先輩方にご出席いただきました。廣池幹堂先生にはご挨拶の中で心温まる祖父への追想を述べていただき、私は真心のこもった熱い情誼に万感の喜びと感動を覚えました。更には、モラロジー研究所から毎年多くの方々に台北にお越しいただき、孔子生誕祭にご参列いただいておりますが、このように儒学を尊崇する精神を実践しておられる活動に心から敬服の意を表したく思います。

この度、祖父がかつて廣池学園・モラロジー研究所において講演しました資料をまとめていただきました。内容は実に貴重で、「孔子の生涯と思想」「孔子が重視した道徳・知識・学問」「孔子の思想の東アジアへの影響」「『孝』の本質」「儒家の『伝統』観念」などが収録されており、本書の刊行にご努力いただいた関係者の皆様のご尽力に心より感謝申し上げます。

孔子の思想は長い歴史を経ても新しさに満ちあふれ、その内容も古今を貫き通すものです。また、想像し難いことですが、一人の哲人が二千五百年あまり前に提唱した思想は今日に至って、なおも全世界に通用しているのです。孔子の思想というのは理論と実用が層となって兼ね備えられており、小は個人の修養から、大は国家の統治まで、すべてこの孔子の思想の中から教え諭され、そして啓発が得られているのです。

確か英国の小説家チャールズ・ディケンズは『二都物語』という作品の中で、「あらゆる時代を通じて、最も良い時代もあれば最も悪い時代もある」と述べていますが、時代が混乱すればするほど、ますます孔子の思想によって悪習を改める必要があり、時代を変えなければならないのです。ですから、孔子の思想を更に浸透させ輝かしいものにすることは、今の社会にあって最も強い要望と切迫性があるのです。そして我々は、必ずや儒家思想の核心的理念を的確に把握し、文化伝播の多元性を取り入れ、その上で最大の相乗効果を発揮しなければならないのです。我々が協力して努力しさえすれば、儒学繁栄の時代が近い将来切り拓かれることが期待できるのです。

二〇一六年九月十日

刊行に寄せて

公益財団法人モラロジー研究所　理事長
学校法人廣池学園　理事長

廣池幹堂

二〇〇八年十月二十八日、孔子第七十七代裔孫・孔徳成先生が八十九歳で逝去されました。孔夫子もかくやと思われる大人《たいじん》の風格と、人を温かく包み込む慈父のごときお姿は、八年を経た今もなお、まぶたに浮かんでまいります。

孔家と私どもとのご縁は、百年以上前にさかのぼります。「道徳の科学的な研究」を志した私の曾祖父・廣池千九郎（総合人間学モラロジーの創建者・法学博士／一八六六～一九三八）は、一九〇八年、孔子の事跡について調査するため、北京の孔子廟を訪れました。そこで孔子ならびにその高弟方の子孫が万世一系に人々の崇敬を受けている事実を確かめ、感銘を受けた曾祖父は、一九三五年、道徳科学専攻塾（麗澤大学の前身）の開設にあたり、直系である孔徳成先生にご来訪を仰いだのです。このときのご来訪は叶いませんでしたが、同年五月三日、先生の代理として、孔昭潤《こうしょうじゅん》氏（孔子第七十一代の子孫）と顔振鴻《がんしんこう》氏（顔回第七十四代の子孫）をお迎えすることができました。また、十一月には、孔徳成先生ご本人より「日孜孜《ひびにしし》」（『書経』）と「毋意毋必毋固毋我（意《い》なく必《ひつ》なく固《こ》なく我《が》なし）」（『論語』子罕《しかん》第九）という二つの書をお贈りいただきました。当時十六歳の先生が揮《き》毫《ごう》されたこの書は、私どもモラロジー研究所・廣池学園の貴賓館に、現在も大切に掲げられています。

孔先生が初めて私どものキャンパスを訪問されたのは、一九五七年、祖父・廣池千英の招きに応じられてのことです。以来、来日の機会には必ず足をお運びくださり、その折々に「人として踏み行うべき道」に関する大切なご講演をいただきました。二〇〇一年、十七回目のご来訪の折には、麗澤大学より名誉文学博士の学位を贈らせていただきました。そして十九回目となった二〇〇六年は、第七十八代裔孫・孔維益《いえき》氏（故人）夫人の于曰潔《うえっけつ》様、第七十九代裔孫・孔垂長《すいちょう》氏ご夫妻、そして第八十代裔孫・孔佑仁《ゆうじん》様という、四代おそろいでのご来訪でした。先生には、これが最後のご来訪となりましたが、廣池千九郎記念講堂で行われた孔子の「仁」に関するご講演、そして本学に学ぶ台湾からの留学生に親しく励ましの言葉をいただき、学生たちが目を輝かせていたことも、忘れることはできません。

一九二〇年、中国山東省に生まれた先生は、孔子直系の子孫として大成至聖先師奉祀官《たいせいしせいせんしほうしかん》の称号を有し、故宮博物院管理処主任（院長）、考試院院長（公務員の採用から管理を司る役所の責任者）、台湾総統府資政（顧問）などの要職を歴任されました。また、古代の「礼学《れいがく》」（古代礼制）研究、「金文《きんぶん》」（青銅器などに刻まれた銘文）研究などの学問的権威である一方、台湾大学教授（晩年は名誉博士）として教育にも心魂を傾けられました。特筆すべきは「五十年間、ただの一度も休講なし」ということです。先生のお声は大きくて、よく「隣の隣の教室からクレームが来た」と笑いながらおっしゃっていたことが、懐かしく思い出されます。ご講演等の折の、教育者としての毅然たるお姿。しかし、ひとたび演壇を降りれば、誰に対しても分け隔てなく接せられる気さくなお人柄。それは、まさに孔子の説く「仁」の精神――愛や慈しみ、思いやりの心の表れでした。

このたび、孔徳成先生のご講演集『孔子直系第七十七代 孔徳成が説く孔子の思想』が上梓される運びとなったことは、私の大きな喜びです。本書には、モラロジー研究所・廣池学園の関係でご講演いただいた「仁」を中心とする孔子の教えが、淡島成高氏（麗澤大学名誉教授）の編訳によって収録されています。

今、世界の現状に目を向けると、依然として民族・国家・宗教間の対立は深刻であり、人類は解決の容易でない、多くの問題に直面していると言ってよいでしょう。「仁」の精神が、今ほど必要とされる時はありません。

読者の皆様には、学者として、教育者として、そして「仁」の体現者として孔子の精神を守り伝えてこられた孔徳成先生の息吹に触れて、真に価値ある心豊かな人生を拓かれますことを、切に願っております。

二〇一六年九月吉日

編訳者まえがき

昭和三十四年（一九五九）秋、孔徳成先生は千葉県柏市にある廣池学園の大講堂で、次のように挨拶されました。

「今回は二度目の貴学訪問となりましたが、私の気持ちのうえでは馴染みのない所へ来たような気がしません。廣池千英先生（廣池学園第二代理事長）をはじめ、皆さんとは家族と同じという感覚ですから、まさしく自分の家に帰ったような懐かしい心持ちでいます。二年ぶりに、こうして貴学を訪問してみますと、短期大学から四年制大学に発展していました。このように学園が立派になったということは、皆さんにとって光栄であるばかりでなく、私にとりましても欣快とするところです」

当時、私は麗澤高校一年生でしたが、高校生の私たちにまでご挨拶を拝聴する機会が与えられ、降壇された孔徳成先生を教職員、学生・生徒が列を作って桜並木でお見送りしたことが記憶に残っています。まさか将来孔徳成先生のお傍に立たせていただける機会が訪れようとは、当時、知る由もありませんでした。

後年、私は日本語教育の普及と文化交流の役目をいただき、麗澤大学より対台湾日本国政府窓口機関である財団法人（現・公益財団法人）交流協会台北事務所に出向する機会が与えられました。台湾にお住まいの孔徳成先生にはよりお近くで接する環境に恵まれました。そして、時には先生が授業帰りにふらっと私の事務所にお立ち寄りになったり、早朝お電話をいただいて、寝ぼけ眼で大慌てしたりしたこともありましたが、事ある毎に親しくご指導をいただき、そのお人柄に触れる機会が増えてきました。孔徳成先生は数々の政府ご要職をお務めで、普通では近寄りがたいお方でしたが、徐々に先生の講演や宴席での通訳を務めるようになりました。ただ私の拙い語学力で、最高の識見をお持ちだった先生のお言葉や時にはユーモアいっぱいのジョークを、正確に、そして雰囲気も壊さずに通訳することができたのだろうか、と今もって忸怩《じくじ》たる思いでいます。

孔徳成先生はご在世中に、たびたび来日されましたが、モラロジー研究所の招請だけでなく、お立場上、日本の諸団体からの招請を受けられました。そして、来日の折には必ずモラロジー研究所にお立ち寄りになり、教職員や学生に対してご講演やご挨拶をいただきました。また毎年モラロジー研究所が主催している台北孔子生誕祭参列研修旅行団に対しても、孔子生誕祭という孔家にとって大切なお役目を控えた前日、ご多忙のなか、ご講演をいただくだけでなく、参加者との会食にも必ずご出席を賜り、今日まで四十五年の歴史を刻んできました。そして今は、令孫の孔垂長先生が孔子第七十九代裔孫、大成至聖先師奉祀官として、歴史的な任務を背負いながら、精力的に活動しておられます。そして、二〇一一年五月には孔子思想を輝かしく発揚、学術交流の積極的な参画のため、中華大成至聖先師孔子協会を発足されました。また御祖父・孔徳成先生への追孝の想いも強く、二〇〇九年十月二十八日一周忌の御命日には、「孔徳成先生學術與薪傳（師から弟子に伝わる学問）研討會」を台湾大学文学部主催で開催、五周忌にあたる二〇一三年十月二十七日には「孔徳成先生逝世五周年紀念會」「儒學的理論與應用國際學術研討會」の開催を主導、同時に『儒者行――孔徳成先生傳』（汪士淳著・聯經出版社）の発刊を企画されるなど、まさしく孔家裔孫として努めを粛々と実行しておられます。

さて、孔徳成先生は平成二十年（二〇〇八）十月二十八日、八十九歳でお亡くなりになりましたが、私の手元には数多くの貴重なご講演原稿が残りました。これらはモラロジー研究所の機関誌や麗澤大学の紀要などにも掲載したりしてきましたが、これらの原稿を改めて見直し、孔徳成先生の貴重な識見を、たとえわずかでも広く皆様に知っていただくことができれば、先生から受けたご恩に報いることができるのではないかと常々考えていました。

奇しくも今年は創立者廣池千九郎生誕一五〇年の節目の年にあたります。廣池千九郎は自著『道徳科学の論文』に、孔子を「世界における万世一系の無冠の帝王である」と位置づけ、中国公使館を通して孔子、顔回のご子孫が来日の折は是非とも廣池学園にもお越しいただきたいと要請しています。しかし、当時の世相も影響して孔先生のご来日はかないませんでしたが、その後二十二年の歳月を経た昭和三十二年（一九五七）、待望の孔徳成先生初来日実現へと繋がりました。

孔徳成先生はご講演の際には冒頭で「孔子の学説と思想の大部分は、現実の社会と実際の人生に関する問題にぴったりと合致するものばかりで、そこから生まれた理論と主張であると思います。そしてその内容は当然広範に及んでいます」といったご挨拶をされた後、孔子の政治についての主張、経済についての主張、品性の修養および教育についての主張へと話が展開していきました。そして、ご講演内容については「今、お話ししました内容は『論語』や『春秋左氏伝』などから引用したものばかりで、いわゆる中国学術の伝統的な教材といえるもので、決して私個人の意見ではありません」と述べられました。まさしく「述べて作らず」（『論語』述而第七）の孔子の姿勢を彷彿とさせるものでした。また、「なにぶん学問不十分で浅見を申し述べましたが、廣池理事長のご要請にお応えしてお話しさせていただきました。どうか皆様方のご指導をよろしくお願いいたします」と結ばれました。孔子の学説思想を語ればこれ以上の碩学の方はおられないのに、なんとご謙遜のお言葉でしょうか。そのうえ、私のような若輩者にも「君にはいつも何かと煩わせて申し訳ないね」と優しく労ってくださるのも常のことでした。

さて、本書の引用箇所の訳文ですが、ご講演によっては孔先生が一つひとつ解釈をしながら話を進められる場合もあれば、引用原文をそのまま読んで済まされることもありました。本書ではできる限り孔先生の解釈に沿って掲載しましたが、多くは資料で示した参考文献を基に、先学の解釈を参考にさせていただきました。

また、本書には重複の箇所が多く見られます。例えば、「克己復礼」（顔淵第十二）という語が九例にわたって出てきます。具体的な例を挙げますと、「仁」の考察の一つとして、教育方法の一つとして、弟子との対話の一例として、弟子にとっての努力目標の一つとして、社会生活の規範となる教材の一つとして、人それぞれに適した教育の一つとして、儒家が唱える個人の品徳の一つとして、仁の徳に到達する過程の一つとして、自己を律するための生活の規範の一つとして、「克己復礼」の重要さが縷々述べられています。これらの重複は孔先生のお話の文脈からはどうしても省略できない箇所ですので、どうかご理解のうえ読み進めていただければ幸いです。

最後になりましたが、本書の刊行にあたり、孔子第七十九代裔孫の孔垂長先生から「序文」の玉稿を賜り、また公益財団法人モラロジー研究所・学校法人廣池学園の廣池幹堂理事長より「刊行に寄せて」を頂戴するとともに、本企画に対する貴重なご助言をいただきました。心から御礼申し上げます。

そして本書の企画から刊行までの過程で麗澤大学の中山理学長はじめ麗澤大学出版会の方々には詳細にわたって殊のほかお世話になりました。同時に麗澤大学の邱瑋琪先生には、中華大成至聖先師孔子協会との対応をはじめ編集面でも事ある毎にご協力とアドバイスをいただきました。また、モラロジー研究所出版部からは貴重な写真提供や出版に関わる側面からの支援をいただきました。このように多く方々のご支援に支えられて発刊に至りましたことは、この上ない喜びとなりました。改めて感謝申し上げますとともに、何とぞご叱正とご指導を賜りますようお願い申し上げ、発刊のまえがきといたします。

二〇一六年 秋

淡島成高

孔子直系第七十七代　孔徳成が説く孔子の思想

目次

装幀　コミュニケーションアーツ（株）
口絵　野木　清司

孔子直系第七十七代　孔徳成が説く孔子の思想

孔子の生涯と思想

一　孔子の先祖と生い立ち

孔子の近祖

孔子（姓は孔、名は丘《きゅう》、字《あざな》は仲尼《ちゅうじ》、諡《おくりな》は文宣王。孔子の「子」は敬称。文中に出てくる「子」や「夫子」は孔子の尊称）は、もともと殷《いん》王朝を継承する宋国の貴族の子孫ですが、『春秋左氏伝《しゅんじゅうさしでん》』《昭公《しょうこう》七年》に記されている、魯《ろ》国の重臣・孟僖子《もうきし》の話では、

「吾聞く、将《まさ》に達者《たっしゃ》有らんとす、孔丘《こうきゅう》と曰《い》う。聖人の後《のち》なり。……其の祖弗父何《そふつほか》は、宋を有《たも》つべきを以て、厲公《れいこう》に授《さず》け、正考父《せいこうほ》に及びて、戴《たい》・武《ぶ》・宣《せん》を佐《たす》け、三命《さんめい》して茲益《ますます》恭《うやうや》し。……

臧孫紇《ぞうそんこつ》の言える有り、曰《いわ》く、聖人の明徳有る者は、若《も》し世に当たらずんば、其の後必ず達人有らんと。今、其れ将に孔丘に在《あ》らんとするか」

〔〈孟僖子は魯国の君主・昭公《しょうこう》〈名は稠《ちゅう》。襄《じょう》公の庶子〉に同行して楚《そ》国に赴いたが、礼法の補佐をすべきところ、十分に果たせなかったことを恥じていた。昭公二十四年、死に臨んで重臣を呼び寄せ、次のように語った〉「私は聞いた、やがて素晴らしい賢人が出ようとしている。それは孔丘といって聖人の子孫である。祖先の弗父何は宋国の君主になれるところ弟の厲公に位を譲った。その後、曾孫《ひまご》の正考父の世になると、宋国の戴・武・宣の三公を補佐し、三度上卿《じょうけい》という大臣の最上位まで昇進したが、これまで以上に身を慎んだと言われている」……魯国の重臣・臧孫紇が語るところでは「この家系には賢人で高徳の人がいて、もしこの代で働きが示されなかったとしても、その子孫に素晴らしい聖人が出るであろう」とあるが、今や、その聖人というのが孔丘その人に当てはまろうとしている」〕

とあります。弗父何というのは宋国の閔公《びんこう》の太子で、厲公の兄に当たります。本来ならば閔公の跡継ぎとして宋国の国君となるところでしたが、弗父何は王位を弟の厲公に譲りました。彼の曾孫である正考父は、戴公《たいこう》・武公・宣公の三代にわたって補佐し、人となりや世の処し方が恭しく礼儀深かったところから、当時の人たちから高く評価されました。

また、『史記』《孔子世家《こうしせいか》第十七》には、

孔子生誕祭（昭和46年〔1971〕９月28日）

「其の先《せん》は宋人《そうひと》なり。孔防叔《こうぼうしゅく》と曰《い》う。防叔、伯夏《はくか》を生む。伯夏、叔梁紇《しゅくりょうこつ》を生む。紇、顔氏《がんし》と孔子を生む」

〔その先祖は宋国の人で孔防叔と言った。防叔が伯夏を生み、伯夏が叔梁紇を生んだ。紇は顔氏との間に孔子をもうけた〕

とあり、孔子の先祖はもともと宋国の貴族であったということが分かりますが、しかし孔子自身の時代になりますと、すでに貧賤《ひんせん》で落ちぶれた身になっていました。

ですから、『孟子』《万章章句下《ばんしょうしょうくげ》》には、

「嘗《かつ》て委吏《いり》と為る」

〔かつて倉庫の出納係となって仕えた〕

「嘗て乗田《じょうでん》と為る」

〔かつて祭礼に使う生贄《いけにえ》を飼育する係となって仕えた〕

とあるように、身分の低い役人をしていました。後年、魯国の大司寇《だいしこう》という司法の最高責任者の地位にまで昇りましたが、結局は為政者に受け入れられなくて、退いて詩書礼楽の整理や教育の普及に力を注ぎました。孔子の学説というのは上から引き継がれてきた伝統を、次の世代へ発展させていきましたが、その結果、中国の思想上だけでなく、人類のすべての思想に重要な地位を占めるに至ったのです。

孔子の生没年

孔子の生年は、『春秋公羊伝《しゅんじゅうくようでん》』には、「魯《ろ》の襄公《じょうこう》二十一年十一月庚子《かのえね》生（周《しゅう》・霊王《れいおう》二十二年・前五五二年）」（十一月の「一」の字は紛れて入った衍字《えんじ》と思われる。『春秋穀梁伝《しゅんじゅうこくりょうでん》』は同様の記述で、ただ「十月」となっている）となっています。また『史記』《孔子世家第十七》では、「魯の襄公二十二年（周・霊王二十三年・前五五一年）」となっています。

亡くなったのは、魯の哀公《あいこう》十六年四月己丑《つちのとうし》（『春秋経《しゅんじゅうきょう》』による）、すなわち周の敬王四十一年・前四七九年です。享年七十三歳でした。

二　孔子の時代

孔子の処した時代背景については、二つに分けて語ることができます。一つは政治および社会の状況、もう一つは春秋時代の思想状況です。

春秋時代の政治状況

まず当時の政治と社会の状況は、『論語』と『孟子』に記載されている内容から、その一端が理解できます。『論語』《季氏《きし》第十六》（以下、『論語』は篇名のみ記載）には、

「禄《ろく》の公室《こうしつ》を去ること五世《ごせい》なり。政《まつりごと》の大夫《たいふ》に逮《およ》ぶこと四世《しせい》なり。故に夫《か》の三桓《さんかん》の子孫微《び》なり」

〈魯国の君主から臣下に栄誉、地位、経済的待遇を授与する大権が失われてから、もう五代（宣公・成公・襄公《じょうこう》・昭公・定公）になる。その失われた政治の実権がどこへ行ったかと言うと、それは大夫（重臣）に移って、すでに四代（季武子《きぶし》・季悼子《きとうし》・季平子《きへいし》・季桓子《きかんし》）になる。三桓《さんかん》といわれる魯国の三家老の子孫も衰えてしまった〉

とあります。

また、『孟子』《滕文公章句下《とうぶんこうしょうくげ》》でも、

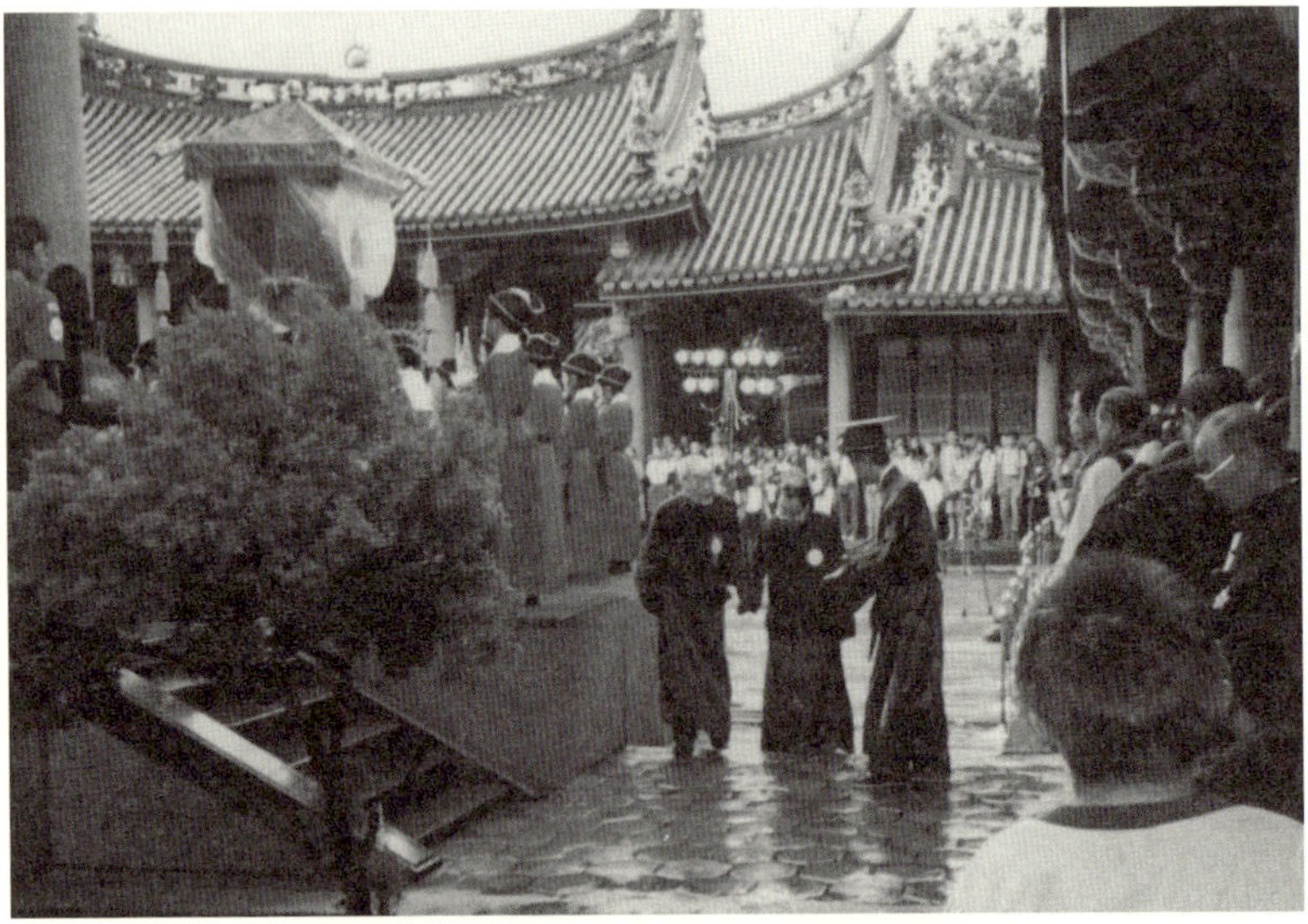

孔子生誕祭（第30回・平成13年〔2001〕9月28日）

「臣《しん》にしてその君を弑《しい》する者之有り。子にしてその父を弑する者之有り」

〔（周代も末期になると）臣下でありながら君主を殺し、子が父を殺す者さえ出るようになった〕

とあります。この二つの文から、当時の政治と社会の状況を見て取ることができますが、すでに混乱を極め、政治制度の上ではもうこれ以上維持していけなくなっていました。『春秋左氏伝』には更に多くの記載があり、枚挙にいとまがありません。

このような政治状況のなか、孔子は積極的に「正名論」（大義名分を明らかにする考え）を提唱、すなわち、《顔淵《がんえん》第十二》に、

「斉《せい》の景公《けいこう》、政を孔子に問う。孔子対《こた》えて曰く、君君たり、臣臣たり、父父たり、子子たり」

〔斉国の君主・景公（名は杵臼《しょきゅう》。重臣・崔杼《さいちょ》が荘公を弑して立てた君主）が政治の要道について孔

孔子生誕祭（第22回・平成５年〔1993〕９月28日）

子に尋ねたところ、孔子は「君主は君主らしく、臣下は臣下らしく、父は父らしく、子は子らしく、それぞれその地位に相応しい行為をすることが政治です」と答えた〕

とあり、正名論を主張したのは、実にこのような背景からきているのです。

春秋時代の社会状況

さて、社会の状況も古代と同じではありませんでした。古くは「世官《せいかん》・世祿《せいろく》」といって、官職は世襲、禄高も代々受けることができましたが、春秋時代になりますと、庶民でも高位高官に昇ることができ、例えば、衛《えい》国で貧困生活を送っていた甯戚《ねいせき》は巧みに斉国に取り入り桓公《かんこう》に仕える大臣の地位を得ましたし、また、転々と放浪し食いつないでいくような身分であった百里奚《ひゃくりけい》のように、秦国の穆公《ぼくこう》の宰相にまで昇り詰めた者も出てきました。これと同時に一部の貴族は元々の地位を失う現象も現れました。『春秋左氏伝』《昭公三年》には、晋国の名家、滅びるもの少なからずと記載され、

「欒《らん》・郤《げき》・胥《しょ》・原《げん》・孤《こ》・続《ぞく》・慶《けい》、伯降《はくくだ》りて皂隷《そうれい》に在り」

〔欒、郤、胥、原、孤、続、慶、伯の八族の名家は没落して卑しい身分に成り下がった〕

とあり、こうした記述からも社会状況の転変を見ることができます。このような政治状況でしたから、孔子自身も貴族の末裔《まつえい》であったとはいえ、地位の低い役人をせざるを得なくなりましたし、また、自身が目指した道を進めなくなった後は、教育によって生計を立てざるを得ませんでした。

春秋時代の思想状況

春秋時代に至って、思想状況で最も注目に値するのは人文精神の発展です。中国は商〔殷〕代の優れた君主から周代の初めに至って、人道主義が大いに芽をふき、『尚書《しょうしょ》』《周書《しゅうしょ》・無逸《むいつ》》には殷代の状況が述べられています。

「其れ祖甲《そこう》に在《あ》りては、……爰《ここ》に小人の依《い》を知り、能《よ》く庶民を保恵《ほけい》し、敢えて鰥寡《かんか》を侮《あなど》らず」

〔商〔殷〕代の祖甲という天子は、〔天子に即位する以前、長く農夫をしていたので〕……庶民の辛苦をよく知っていたこともあり、よく庶民を安心させ、決して弱い立場の未亡人やひとり者を軽視することがなかった〕

そして周代の初めになると、『尚書』《周書・酒誥《しゅこう》》には、

「人は水に於て監《かんが》みる無く、当《まさ》に民に於て監みるべし」

〔民を治める者は、水に自分の姿を映して考えるのではなく、民の動きで、自分の政治の良し悪しを映してみて戒めるべきだ〕

とあるように、徐々に民を守り、民を重んじるという観念も現れてきました。そして、それが春秋時代に入ってきますと、人道の観念が、さらに独立に向かって進んでいったのです。それは、『春秋左氏伝』《荘公《そうこう》三十二年》で、諸侯の虢《かく》国史官・史嚚《しぎん》が述べています。

「国の将に興らんとするや、民に聴く。将に亡びんとするや、神に聴く」

〔国が興るときには、民の声を聞いてそれに従い、国が滅びかかったときには、神に聞いて当にするようでは、国は滅びてしまう〕

《昭公十八年》で、鄭《てい》国の重臣・子産《しさん》（鄭の穆公《ぼくこう》の孫。姓は公孫《こうそん》、名は僑《きょう》、また子美《しび》。子産は字）が、

「天道は遠く、人道は邇《ちか》し、及ぶ所にあらざるなり、何を以て之を知らん」

〔（各所で火災がおこり、お祓いをしなければ再発するという声に）天は深遠で遥かに遠いが、人の智慧は浅いものだ。火災とお祓いの両者には関わりがなく、たまたま的中するかもしれないが、天道のことが分かっていない〕

と述べています。また《定公《ていこう》元年》では、晋国の重臣・士弥牟《しびぼう》（士景伯《しけいはく》）が次のように述べています。

「薛《せつ》は人に徴《ちょう》し、宋は鬼《き》に徴す、宋の罪大なり」

〔薛の人は誰もが知っている歴史上の故事で証拠を出そうとするのに、宋は神を担ぎ出し神に証を求めようとしている。神を汚す宋の罪は大きい〕

これらはみな比較的新しい考え方および態度と言えます。

孔子はこれとは逆に伝統的な天命に対する観念を持っていましたが、宿命や運命づけられたものは受け入れてはいたものの、決して積極的にそれを唱えたわけではありません。それは《子罕《しかん》第九》に

「子罕《しまれ》に利と命と仁とを言う」

〔孔子には滅多に口にしないことが三つあった。利益、運命、仁徳について自分から語るのは稀であった〕

とありますように、「命の道理」（運命について語るのは稀であった）で明らかなように秩序立ててはっきりと述べることが少なかったのです。ですから子貢《しこう》（孔門の十哲。姓は端木《たんぼく》、名は賜《し》、子貢は字《あざな》。衛の人。孔子より三十一歳若い）は、

「子貢曰く、夫子《ふうし》の文章は、得て聞くべきなり。夫子の性と天道とを言うは、得て聞くべからざるなり」《公冶《こうや》長《ちょう》第五》

〔弟子の子貢が語るには「先生の礼や楽についての話はよく聞くが、人の性あるいは天道について語られることは極めて稀で、容易に聞くことができなかった」〕

孔子生誕祭の参列者に親しく声をかけられる孔徳成氏（中央）
（昭和46年〔1971〕９月28日）

それゆえ、孔子の鬼神《きしん》（死者の霊魂、先祖の霊）についての態度が、次のように述べられています。

「子《し》、怪力乱神を語らず」《述而第七《じゅつじ》》

〔孔子は怪奇現象、人並み外れた武勇のこと、無秩序で人倫を乱すこと、鬼神などについてはあまり語らなかった〕

また、《雍也第六《ようや》》には、

「樊遅《はんち》知を問う。子曰く、民の義を務め、鬼神《きしん》を敬して之を遠ざくるは、知と謂うべし。仁を問う。曰く、仁者は難《かた》きを先にして獲《う》ることを後にす。仁と謂うべし」

〔弟子の樊遅（姓は樊、名は須《す》、字は子遅《しち》。魯の人。孔子より四十六歳若い）が「知とは何でしょうか」と孔子に質問した。孔子は「人として行うべき道を大切に務め、鬼神に対しては尊敬し、お祭りはするが、距離を置いて神霊を汚《けが》すようなことはしないことだ」と答えた。樊遅はさらに「仁とは何でしょうか」と質問した。孔子は「先ずいやなことを先に実行して、報酬や名誉などは後回しにする。それが仁というものだ」と教えた」

また、《先進《せんしん》第十一》には、

「季路《きろ》鬼神に事《つか》えんことを問う。子曰く、未《いま》だ人に事うること能わず、焉《いず》くんぞ能《よ》く鬼《き》に事えん。敢て死を問う。曰く、未だ生を知らず、焉くんぞ死を知らん」

〔弟子の季路（孔門の十哲。姓は仲、名は由《ゆう》、字は子路《しろ》、季路とも言う。魯の人。孔子より九歳若く、門人の最年長者）が霊魂に仕える方法を尋ねた。孔子は「生きている人にまだ十分に仕えることさえできていないのに、どうして先祖の霊への奉仕が可能であろうか」と答えた。すると、季路は「ぜひとも死についてお尋ねしたいのですが」と問うた。孔子は「生きている人間のことが十分に分からないのに、どうして死後のことについて分かろうか」と答えた〕

などとあります。これ正に孔子の学説はもっぱら人間がこの世に生きていく上での実際的な問題に注視し、論理的に物事の道理を主張しているものだと言えます。なお、『論語』では「天命」について十三か所で言及されています。（文末の「注」を参照）

三　孔子の学問に励む姿勢、学問探究の態度および教育の精神

学問に励む姿勢

我々は、孔子が中国歴史上最初の教育家であることは承知していますが、本人自身はひたすら学問に没頭していて、その様子が次のように述べられています。

「我は生まれながらにして之を知る者にあらず。古《いにしえ》を好み、敏《びん》にして以て之を求めたる者なり」《述而第七》

〔私は決して生まれながらにして物の道理を知っていた者ではない。ただ、歴史上の先賢から学ぶことが好きで、その中から素早く教えを探り出そうとしているだけである〕

「三人行くときは、必ず我が師有り。其の善なる者を択《えら》びて之に従い、其の不善ならざる者は之を改む」《述而第七》

〔三人連れだって道を歩んでいれば、そこには必ず自分の師となる人がいる。その師となるような立派な人を選んで見習うようにする。また、よくないと思う人には、人の振り見てわが身を直せばよく、その中から師は求められる〕

「聖《せい》と仁との若《ごと》きは、則ち吾豈《あに》敢えてせんや。抑《そもそも》之を為《まな》んで厭《いと》わず、人を誨《おし》えて倦《う》まざるは、則ち云爾《しかい》うと謂《い》うべきのみ。公西華《こうせいか》曰く、正に唯だ弟子《ていし》学ぶこと能わざるなり」《述而第七》

〔「ある人は私を聖人とか仁者とか言うが、私など到底及ぶものではない。ただ、私はひたすら、道を学んで飽きることがなく、学んで得たことをよく分かるように教えていてもいやになることがない。ただそれだけの人物だ」と孔子は語った。これを聞いた弟子の公西華（姓は公西、名は赤《せき》、字は子華《しか》。魯の人。孔子より四十二歳若い）は「私はただそれだけのことさえできないのです」と自分の至らなさを反省した〕

「吾嘗《かつ》て終日食《く》らわず、終夜寝《い》ねず、以て思う。益《えき》無し。学ぶに如《し》かざるなり」《衛霊公《えいれいこう》第十五》

〔私はかつて一日中食事もとらず、一晩中一眠りもせずに、ひたすら思索にふけったことがある。しかし、その結果は何も得るところがなかった。やはり先人の教えを手本にして学び、本当の知識を得ることが一番である〕

《述而第七》に記されているところでは、

「葉公《しょうこう》、孔子を子路《しろ》に問う。子路対《こた》えず。子曰く、女奚《なんじなん》ぞ曰わざる。其の人と為《な》りや、憤《いきどお》りを発して食を忘れ、楽しみて以て憂いを忘れ、老いの将に至らんとするを知らざるのみ」

〔楚国の重臣で葉《しょう》地方の長官である葉公（姓は沈《しん》、名は諸梁《しょりょう》、字は子高。自ら「公」と僭称していた）が、孔子の人となりを子路に尋ねた。子路は我が師のことでもあるので答えかねた。孔子がこれを聞いて言うには「お前はなぜこのように言わなかったのか。先生の人柄は生まれつき学問好きで、分からないことがあると、研究に夢中になって発憤し、食事も忘れるほどであるが、真意を会得すると心から喜び楽しんで心配事も忘れ、寄る年波も気づかないでいる、そんな人であるとなぜ言ってはくれなかったのか」」

我々に印象づけられている孔子は、「天縦《てんしょう》の将聖《しょうせい》」と言われますが、実は孔子は苦学から聖人の境地を得たのです。

「大宰《たいさい》、子貢に問いて曰く、夫子《ふうし》は聖者か。何ぞ其れ多能なるや。子貢曰く、固《まこと》に天之《これ》を縦《ゆる》して将に聖たらしめんとす。また多能なり。子之《し》を聞きて曰く、大宰我を知れるか。吾少《わか》かりし時賤《いや》し。故に鄙事《ひじ》に多能なり。君子は多《た》ならんや。多ならず」《子罕第九》

〈呉国の宰相《さいしょう》・大宰が「先生は聖者でしょうか、実に多能な方ですね」と子貢に話しかけた。これに対して子貢は「そうです。天は先生が聖人になることを許しているのです。そのうえ、多能でもあります」と返答した。孔子はこれを聞いて「大宰は私のことをよく知っているのであろうか。私は若いころは身分が低く貧乏であった。だからこまごましたいろんな仕事をして多能になった。では、君子に多能が必要なのであろうか。多能は君子の資格ではないのだ」と語った〉

次に、その学問探究の態度というのは、《為政《いせい》第二》に、

「由《ゆう》、女《なんじ》に之を知るを誨《おし》えんか。之を知るを之を知ると為し、知らざるを知らずと為す。是《こ》れ知るなり」

〔孔子は弟子の由《ゆう》（子路の名）に「知るとはどういうことかを教えよう」と以下のように説明した。「自分の知っていることは知っているとし、知らないことは知らない、と心にはっきりと区別をすること。これが本当に知るということだ」と言い聞かせた〕

とあり、《八佾《はちいつ》第三》には、

「夏《か》の礼は吾能《よ》く之を言うも、杞徴《きちょう》するに足らざるなり。殷《いん》の礼は吾能く之を言うも、宋徴《そう》するに足らざるなり。文献足らざるが故なり。足らば則ち吾能く之を徴せん」

〔「私は夏王朝（伝説的な中国最古の王朝）の礼制の話をよくするが、しかし、夏王朝の子孫が住む杞の国に行っても、私の推論を証明するに足るものは残っていない。また、次の代の殷王朝の礼制について話はするが、殷王朝の子孫が住む宋の国に行っても実証できるものは何も残っていない。これは証明するに足る記録と過去の伝統を伝えた賢人がいないからであって、私の言葉に誤りがあるわけではない。もし記録的にも、人的にも資料が十分にあるならば、自分の説を証明す

ることができよう」と語った〕

とあります。これらもすべて真実を求め、客観を重視する態度です。

教育の精神

孔子は熱心に学問の探究に努めたばかりでなく、中国の歴史上で教育の普及を推し進めた第一人者です。孔子以前においては教育というのは貴族の専有であって、貴族階級のみが教育を受ける権利を享受していました。しかし孔子の時代に至って、

「教え有りて類《るい》無し」《衛霊公第十五》

〔人間すべて平等であり、教育を受ける受けないはその人の姿勢がどうであるかであって、人間の種類によって左右されるものではない〕

とあり、孔子はこのような考えのもとで教育を実行してきましたので、中国教育史上に新しい頁を開き、一般の武士や平民階級にまで教育が受けられるようになりました。また、

「黙《もく》して之を識《しる》し、学びて厭《いと》わず、人を誨《おし》えて倦《う》まず。何か我に有らんや」《述而第七》

〔会得したことは黙って理解し、会得できないところがあれば、学んで飽きることがない。人を教えるということは難しいことだが、人を教育するためには熱意を失わない。これ以外に私には何があろうか〕

と述べられています。つまり孔子は、

「顔淵《がんえん》喟然《きぜん》として嘆じて曰く、……夫子循循然《じゅんじゅんぜん》として善く人を誘《いざな》う」《子罕第九》

〔弟子の顔淵（孔門の十哲。姓は顔《がん》、名は回、字は子淵《しえん》。魯の人。孔子より三十歳若い）が先生のことを感嘆して述べるには……「先生は一つひとつ順序立てて分かりやすく、うまく人を導いてくださる」〕

といった態度で弟子たちに臨みました。

また、弟子たち自身の意思も尊重しました。例えば宰我《さいが》（孔門の十哲。姓は宰、名は予《よ》、字は子我。魯の人。年齢不詳）という弟子が、親が亡くなったときの三年の服喪について、宰我が主張したときのやりとりにも現れています。その内容は、

「宰我問う、三年の喪は、期已《はなは》だ久し。君子三年礼を為さずんば、礼必ず壊《やぶ》れん。三年楽を為さずんば、楽必ず崩れん。旧穀《きゅうこく》既に没《つ》き、新穀既に升《みの》る。燧《すい》を鑽《き》りて火を改む。期にして已《や》むべし。子曰く、夫の稲《とう》を食らい、夫の錦《にしき》を衣《き》て、女《なんじ》に於いて安きか。曰く、安しと。女安くば則ち之を為せ。夫れ君子の喪に居るや、旨《うま》きを食らえども甘からず、楽を聞けども楽しからず、居処《きょしょ》安んぜず。故に為さざるなり。今女安くば則ち之を為せ。宰我出《い》ず。子曰く、予《よ》の不仁なるや。子《こ》生まれて三年、然る後に父母の懐を免《まぬが》る。夫れ三年の喪は、天下の通喪《つうそう》なり。予や、三年の愛その父母に有るか」《陽貨《ようか》第十七》

〔宰我が服喪について、孔子に尋ねた。「父母のために三年も喪に服するのは、期間が長すぎます。君子が喪に服して三年も礼や楽を修めなければ、世の中の礼や楽は必ず廃れるでしょう。一年経てば古い穀物もなくなり、新しい穀物が出てくるでしょう。炊事に使う火も季節毎に木を代えて改めますが、それも一年すればまた元に戻ります。ですから父母の喪も、満一年で十分と思いますが、いかがですか」と強く主張した。これを聞いた孔子は「父母の喪にわずか一年服しただけで、あの稲の米を食べ、錦《にしき》の着物を着て、お前は平気なのか」と問い質した。宰我は意外にも「平気です」と答えたので、孔子は「お前が平気だというのなら、そうするがいい。だいたい君子が喪中にあるときは、おいしい物を食べてもうまいとも思わないし、音楽を聞いても楽しいと感じないし、普段と同じような場所にいても心安まらない。だから服喪の制度ができ、米を食べたり、錦の服を着たりしないのだ。しかし、お前がそれで平気だというならそうしたらいいだろう」と突き放した。宰我はその席を退出したが、孔子は「予（宰我の名）は本当に不仁な人間だ。子供は生まれて三年間は父母の懐に抱かれ、三年経って初めて父母の懐を離れるものである。そこから三年の喪が定められたのであって、これは万人共通の喪服制度である。しかし、宰我は生後三年間、父母から愛情を受けたことがなかったのであろうか」と嘆息した〕

というものです。孔子は孝道に基づいて三年の喪を主張したわけですが、宰我が三年の喪に納得しなかったということは、先生の主張に対して背いたということになります。しかし、孔子は弟子の態度を叱責しなかったばかりか、本人の意思通りにさせ、ただ相手にしなかったのです。こうして見ますと、孔子は弟子に対して、相手の意見を十分に聞いて尊重していたということが分かります。これもまた思想の自由を重視した現れだと言えます。そして、このような教育への情熱が、

「弟子蓋《けだ》し三千、身《み》、六芸《りくげい》に通ずる者、七十有《ゆう》二《に》人《にん》あり」『史記』《孔子世家第十七》

〔弟子の数はおよそ三千人にもなり、そのうち六芸と言われる学芸（礼、楽、射=弓術、御=馬術、書=読み書き、数=算数）に秀でた者は七十二人あった〕

という結果になったのです。これはまさに孔子が教育者精神を発揮していたことの証です。

四　孔子の学説

孔子の学説のほとんどは現実の社会と、人生そのものに関係がある問題にぴったりと適応したもので、その理論と主張は、内容が極めて多く、その範囲も大変広いものです。ここでは大きなものだけを取り上げて、政治、経済、個人の品性修養と倫理道徳、および教育についてそれぞれ説明していきたいと思います。

政治についての主張

春秋時代の政治状況は、前におおよそ説明した通りです。孔子は当時のすでに混乱し、また不安定な局面を処するに当たって「徳を政の本と為す（徳でもって己を修め、民を愛することを政治の根本とする）」および大義名分を明らかにする「正名論」の政治的主張を掲げました。

(1)「徳を政治の根本とする」

徳を重んじる考えは、孔子が処した春秋時代以前において、すでにかなり重要視されておりました。例えば、『詩経』《大雅《たいが》・文王之什《ぶんおうのじゅう》・文王》には、

「穆穆《ぼくぼく》たる文王《ぶんおう》、於緝熙《ああしゅうき》にして敬止《けいし》す」

（威儀が整って立派な文王（周王朝の始祖武王の父。姓は姫《き》、名は昌）は非常に優れた徳を備えておられ、その輝かしい徳を発し、敬いの態度を持っていた）

「厥《そ》の徳回《とくたが》わずして、以て方国《ほうこく》を受《さず》かる」『詩経』《大雅・文王之什・大明《だいめい》》

（文王の徳は正しい道に一致していた。だから自分の領土として授かり、国はますます栄えていった）

『詩経』《大雅・文王之什・皇矣《こうい》》には、

「文王に比して、其の徳悔《く》ゆること靡《な》し」

〔文王の徳というものは、後になって変わることがなかった〕

『毛公鼎《もうこうてい》』（周代の作と推定される鼎《かなえ》に刻まれた銘文）には、

「不顕《ひけん》なる文・武《ぶ》、皇天弘《おお》いに厥の徳に猒《あ》き、我が有周を配とし、大命を膺受《ようじゅ》す」

〔大いなる徳を備えた文王・武王（周王朝の始祖。姓は姫、名は発。殷の紂王《ちゅうおう》を滅ぼして天下を統一）は、天がその徳に満足し、我が周の国を割り当て、王位を引き受けさせた〕

などと記されていますように、周が徳を有していたので天命を受けて王たりえたのです。

また、『春秋左氏伝』《文公元年《ぶんこう》》には、

「忠は徳の正なり。信は徳の固《こ》なり。卑譲《ひじょう》は徳の基《もとい》なり」

〔忠はすべての徳の中心であり、信は徳を実行する力であり、そして謙譲は道の根本である〕

《桓公《かんこう》六年》には、

「上、民を利せんことを思うは忠なり」

〔君たる者が民の利益を図ろうと思うのが忠である〕

《襄公《じょうこう》十四年》には、晋国の楽師・師曠《しこう》が晋侯に、

「天の民を愛すること甚だし」

〔天は民を深く愛《いと》おしまれる〕

などと記されています。

更に孔子は強調して次のように述べています。《学而《がくじ》第一》に、

「千乗《せんじょう》の国を道《おさ》むるには、事を敬して信あり。用を節して人を愛す。民を使うに時を以てす」

〈兵車一千台を出すことができるほどの諸侯の国を治めるには、第一に、仕事は慎重に行い、民の信頼を失わないようにしなければならない。第二に、費用は使うべき所に金を使い、民を心から愛することだ。第三に、民を公役に使う場合は、彼らの仕事に差し支えない時期を選ばなくてはならない〉

《為政第二》には、

「政を為すに徳を以てすれば、譬《たと》えば北辰《ほくしん》の其の所に居て、衆星《しゅうせい》の之に共《むこ》うが如し」

〈政治を行うのに道徳をもってするならば、それは例えば、北極星が一定の場所に止《とど》まっているのに対し、多くの星はそれを中心として取り巻いているのと同じである〉

また、同じく、

「之を道《みちび》くに政を以てし、之を斉《ととの》うるに刑を以てすれば、民免れて恥無し。之を道くに徳を以てし、之を斉うるに礼を以てすれば、恥有りて且《か》つ格《いた》る」《為政第二》

〈民を導いていくのに法律による規制だけで統制しようとし、これに従わないときは、刑罰で締めつけようとした場合は、民は刑をくぐり抜けようとするだけで、恥じる心をなくしてしまう。

これとは反対に、道徳で導いて、礼という社会的規範で統制しようとした場合は、悪事を働いても恥ずかしいと感じるようになり、正しい道に進んでいくであろう〕

とありますが、ここで孔子が主張している内容は、決して法でもって治めることを軽んじるというわけではありません。それより徳で治める、礼で治めることが更に重要だと言っているのです。法をもって治めることは外面的な強制に偏り、往々にして処罰をしてそれで効果が上がるだろうというだけですが、徳治、礼治はよく人に内からの自発を招かせ、自らの過ちを犯さないということを決めさせるわけで、これはなんとうまいことではありませんか。

なお、一方では春秋の頃、刑というものが重視されはじめ、『春秋左氏伝』《昭公六年》には

「鄭人《ていひと》、刑書を鋳《い》る」

〔鄭国の人が刑法の条文を鼎《かなえ》に彫り付けた〕

『春秋左氏伝』《昭公二十九年》には、

「晋国に一鼓《いっこ》の鉄を賦《ふ》して、以て刑鼎《けいてい》を鋳る」

〔晋国に鉄を出させて刑法を刻む鼎を作らせた〕

といった記載も見られます。

《八佾第三》には、

「定公《ていこう》問う、君、臣を使い、臣、君に事うること、之を如何にせん。孔子対えて曰く、君は臣を

使うに礼を以てし、臣は君に事うるに忠を以てす」

〔魯国の君主・定公（名は宋。襄公の子、昭公の弟）が「君主が臣下を使い、臣下が君主に仕える道はどうあるべきか」を尋ねた。孔子は「君主は臣下を使うときは、礼の心で使うべきです。臣下が主君に仕えるときは真心をもって仕えさせ、君臣共に本分を尽くすのです」と答えた〕

とあり、《顔淵第十二》には、

「子貢、政を問う。子曰く、食を足らし、兵を足らし、民は之を信にす。子貢曰く、必ず已《や》むを得ずして去らば、斯《こ》の三者に於いて何れを先にせんと。曰く、兵を去らんと。子貢曰く、必ず已むを得ずして去らば、斯の二者に於いて何れを先にせんと。曰く、食を去らん。古《いにしえ》自《よ》り皆死有り。民信無くんば立たず」

〔子貢が政治の根本について孔子に尋ねた。孔子は「民の食生活を安定させること。軍備を充実し国を安定させること。民との信頼関係を確立することだ」と答えた。そこで子貢は「やむをえず捨て去らなければならなくなった場合は、この三つのうちどれを先に捨て去りましょうか」と尋ねたところ、孔子は「軍備を棄てよ」と答えた。子貢が更に「やむをえず残る二つのうちどちらかを捨て去らなければならなくなった場合は、どちらを捨て去りましょうか」と尋ねたところ、孔子は「食糧を除こう。昔から人は誰も死ぬものだ。しかし、民との信義がなくなっては政治が成り立たなくなるではないか」と答えた〕

とあります。

また、同じく《顔淵第十二》には、

「季康子《きこうし》、政を孔子に問う。孔子対《こた》えて曰く、政は正なり。子《し》、帥《ひき》いるに正を以てせば孰《たれ》か敢《あ》えて正しからざらん」

〔魯国の重臣・季康子（季桓子の子。姓は季孫、名は肥、康は諡。冉有、子貢、子路、樊遅など多くの孔子の門人を任用した）が政治の要道を孔子に尋ねたところ、孔子は「政治の『政』は正しさであり、あなたが率先して正義によって人々を導いたならば、誰が敢えて不正を犯すでしょう」と答えた〕

とありますが、季康子はすでに君主も眼中にないような、正しくない行動があったので、孔子はこうした返答をしました。

また同じく、《顔淵第十二》には、

「子張《しちょう》、政を問う。子曰く、之に居りて倦《う》むこと無かれ。之を行うに忠を以てせよ」

〔弟子の子張（姓は顓孫《せんそん》、名は師《し》、子張は字。陳の人。孔子より四十八歳若い）が政治の要道を質問したところ、孔子は「その地位に就いたならば、飽きることなく持続して心を政治に向けるがよい。また、それを実行するときは真心で当たれ」と説いた〕

また同じく、《顔淵第十二》には、

「季康子盗《とう》を患《うれ》えて、孔子に問う。孔子対えて曰く、苟《いやし》くも子《し》の欲せざれば、之を賞すと雖も窃《ぬす》まず」

〔領地で泥棒が横行しているので、季康子がその対策を孔子に尋ねた。孔子は「仮にも支配者であるあなたが自分自身で私欲を抑えられたなら、民も感化されて賞金付きで盗みを奨励しても、そうはしないものだ」と説いた〕

とあります。

ここでは季康子が君主をないがしろにして、国を掠《かす》め取ろうかという嫌いもあったので、孔子はこうした答え方をしました。

また同じく、《顔淵第十二》には、

「季康子、政を孔子に問いて曰く、如《も》し無道を殺して、以て有道に就《つ》かば、如何《いかん》。孔子対《こた》えて曰く、子《し》、政を為すに、焉《いず》くんぞ殺を用いんや。子、善を欲すれば民善ならん。君子の徳は風なり。小人の徳は草なり。草之に風を上《くわ》うれば必ず偃《ふ》す」

〔季康子が政治の要道を孔子に質問して「世の中は無道の輩が多いから、これらを死刑にして、道徳的な者を助けるという方法はいかがでしょうか」と尋ねた。孔子は「政治をするのにどうして民を殺すことを考える必要がありましょうか。もしあなた自身が心から善を求めるならば、民は自然に善になるでしょう。為政者の徳は、例えれば、風であり民の徳は草です。草に風を当てればきっとなびき伏すでしょう。それと同様に、治める人の徳風はすべてにわたってその影響を下々の民に及ぼすでありましょう」と答えた〕

とあります。

孔子は魯国の大司寇《だいしこう》（司法の最高責任者）であったとき、政治を乱した重臣の少正卯《しょうせいぼう》（姓は少正、名は卯。『論語』には記載がない人物）を誅殺《ちゅうさつ》しています。その様子は『史記』《孔子世家第十七》に、

「定公十四年、孔子年五十六、大司寇由《よ》り摂相《せっしょう》の事を行う。……魯の大夫の政を乱せる者少正卯を誅《ちゅう》し、国政を与《あずか》り聞く」

〔定公十四年、孔子が五十六歳のとき、大司寇の職から、宰相を補佐するようになった。……そのころ魯国の重臣で政治を乱した少正卯を誅殺し、魯国の政治に参与した〕

とありますが、一方では誅殺を実行し、他方では、季康子の質問に対してはなぜ「焉《いず》くんぞ殺を用いん」〔どうして民を殺すことを考える必要がありましょうか〕と言って正反対の対応したのでしょうか。

よく調べてみますと、少正卯については国の乱臣であったので、故にこれを処刑したと思われます。季康子の場合は、重臣の地位にあって政治の乱れを正さなければならないところを、無道の輩を殺してしまおうという、過激な発言があったので、「どうして民を殺す必要がありましょうか」という答えになったのです。

すなわち孔子の主張した道理は、

「君子の天下に於けるや、適《てき》も無く、莫《ばく》も無し。義之と与《とも》に比《したが》う」《里仁《りじん》第四》

〔君子が天下の物事を処するときには、是非ともこうしなければならない、と主観的に好悪を持つことなく、ただその時々に適合した、正しい道筋に従っていくのみである〕

とあります。

次に《子路《しろ》第十三》には、

「其の身正しければ、令せずして行われ、其の身正しからざれば、令すと雖も従われず」

〔上に立つ者の行状が正しくて品行がよかったら、命令されなくても下の者は実行するが、上の者が不正を働いていたのでは、いかに厳しく命令しても誰も着いてこないだろう〕

と述べられており、また同じく《子路第十三》には、

「仲弓《ちゅうきゅう》季氏の宰《さい》と為りて、政を問う。子曰く、有司を先にし、小過を赦《ゆる》し、賢才を挙げよ。曰く、焉《いず》くんぞ賢才を知りて之を挙げん。曰く、爾《なんじ》の知る所を挙げよ。爾の知らざる所は、人其れ諸《これ》を舍《す》てんや」

〔弟子の仲弓（孔門の十哲。姓は冉《ぜん》、名は雍《よう》、仲弓は字。魯の人。孔子より二十九歳若い）が魯国の重臣季氏の代官となって仕えたとき、政治の在り方を孔子に質問した。孔子は「先ず役人の配置をよく考え、責任を持って仕事をさせ、大きな過失は許せないが、小さな失敗は許し、そして優れた才

能を持った人材を抜擢して用いるがよい」と答えた。仲弓がさらに「優れた人材はどのようにして抜擢すればよろしいですか」と質問した。孔子は「お前の知っている人間を抜擢しなさい。優秀な人材であることはきっとお前に耳に入っているだろうから、周囲の人も放っておかないだろう」と教えた〕

とあります。また、《衛霊公第十五》には、

「無為《むい》にして治むる者は、其れ舜《しゅん》なるか。夫《そ》れ何をか為さんや。己を恭《うやうや》しくして正《ただ》しく南面するのみ」

〔自らは何事もしないでいて、しかも、天下を泰平に治めた者は、まず舜帝（伝説上の聖王。姓は虞《ぐ》、名は重華《ちょうか》。尭帝に民間から登用される）であろうか。彼は一体何をしたであろうか。ただ自分の身を恭しくして、きちっと南に向かって天子の位に就いていたということだけである〕

と述べられていますが、《泰伯《たいはく》第八》には

「舜臣五人有りて天下治まる」

〔舜帝には五人の賢臣（治水の禹《う》（伝説上の聖王。舜帝から禅譲を受ける）、農事の稷《しょく》、民政の契《せつ》、司法の皐陶《こうよう》、狩猟の伯益《はくえき》）がいて、天下が治まった〕

とあり、朱子《しゅし》の注には「官を任じて人を得る。故に無為にして治まる」とあります。

以上のように、これらのすべては統治者が自己を修め、人を治めるためには、当然徳をその根本と

し、自分自身が手本となって、徳で人を感化しなければならないということです。そしてすべて民のために注意を向け、人を適材適所に用いれば、政治はうまく軌道に乗り、国は治まり、民も安んじた生活が送れるというわけです。

(2)「正名論」

春秋時代の政治状況の項でも述べましたが、《顔淵第十二》には、次のようにあります。

「斉の景公、政を孔子に問う。孔子対えて曰く、君君たり、臣臣たり、父父たり、子子たり。公曰く、善きかな。信《まこと》に如《も》し君君たらず、臣臣たらず、父父たらず、子子たらずんば、粟《ぞく》有りと雖《いえど》も、吾得て諸《これ》を食らわんや」

〔斉国の君主・景公が政治の要道について孔子に尋ねたところ、孔子は「君主は君主らしく、臣下は臣下らしく、父は父らしく、子は子らしく、それぞれその地位に相応しい行為をすることが政治です」と答えた。景公は「その通りだ、君主が君主らしくない、臣下が臣下らしくない、父が父らしくない、子が子らしくない混乱した社会になれば、たとえ穀物が十分にあったとしても、どうして私だけが食べられようか」と述べた〕

この背景は正に斉国の重臣・崔杼《さいちょ》（名は杼、崔子、崔武子とも言う）が斉国の君主・荘公《そうこう》（名は光。自分を擁立してくれた崔杼に殺される）を殺したばかりで、『春秋左氏伝』《襄公二十五年》に、

「夏、五月乙亥《きのとい》、斉崔杼、其の君光を弑《しい》す」〔夏、五月乙亥の日、斉国の崔杼は、斉国の君主・光《こう》（荘公）を弑殺した〕

とあり、そして陳桓子《ちんかんし》（田無宇《でんむう》、田桓子とも呼ばれる）は重臣の地位を得て斉国を制し、権勢をふるいました。後に斉国の重臣・陳成子《ちんせいし》（姓は陳、名は恒《こう》、成は諡。田常とも言う）も斉の君主・簡公《かんこう》（名は壬《じん》。景公の子の悼公《とうこう》の子）を殺してしまいました。

「甲午《こうご》、斉の陳恒《ちんこう》、其の君壬《じん》を舒州《じょしゅう》に弑す」『春秋左氏伝』《哀公《あいこう》十四年》

〔六月甲午の日（十七日）に斉の陳恒は、斉の君主・壬を舒州において弑殺した〕

「陳成子簡公を弑す」《憲問《けんもん》第十四》

〔勢力拡大と陰謀をめぐらせていた陳成子（陳恒）は主君の簡公を弑逆した〕

魯国でもちょうど君主の昭公が季氏（魯国の重臣を務めた三桓〔孟孫・叔孫・季孫〕の一つ）に追われて斉に逃れ、そして乾侯で亡くなった前後のときです。『春秋左氏伝』《昭公三十二年》には、

「三十二年、春、王の正月、公、乾侯《かんこう》に在り。……十二月、公、乾侯に薨《こう》ず」

〔三十二年、春、正月に昭公は国内外にも受け入れられず、乾侯にいた。……十二月、昭公は仮住まいのまま乾侯にて薨去《こうきょ》した〕

とあります。

孔子は積極的に君臣の別を明らかにすることを主張し、それによって政治制度の回復を図ろうとし

ていました。そして孔子は魯国の大司寇となり、まず当時、正統の政府を擁し、三都を落とし、

「仲由《ちゅうゆう》、季氏《きし》の宰《さい》と為り、将に三都を堕《こぼ》たんとす」『史記』《孔子世家第十七》（『春秋左氏伝』《定公十二年》、『史記』《魯周公世家《ろしゅうこうせいか》》にも見られる）

（仲由（仲は姓、由は名）が季氏の家老となり叔孫《しゅくそん》氏の郈《こう》、季孫氏の費、孟孫氏の成の三都城を取り壊そうとした）

とあります。

また政治を乱した魯国の重臣・少正卯を誅殺しました。

このように君臣の別が明確にされず、父子の倫理が明らかでない状況では、政治は軌道に乗りません。ましてや一般人民の安定した生活さえ望めないことになります。安定した政府がなければ、安定した社会もなく、更に富強の国家などあり得ません。ですから孔子の正名論を徹底させるには、なお政治の最終目的に注意を向け、そして一般人民の幸福を願い、国家の富強を図る必要があったのです。

また、軍事については、孔子は国のために、

「臣聞く、文事有る者は必ず武備有り。武事有る者は必ず文事あり」『史記』《孔子世家第十七》、『春秋穀梁伝』《定公十年》

（臣（孔子）は聞いております。平和について協議することは文事ですが、同時に武備を忘れてはならず、文武両方を備える必要があります）

とあります。
また、前述しました通り、《顔淵第十二》には、

「子貢、政を問う。子曰く、食を足らし、兵を足らし、民は之を信にす」

〈子貢が政治の根本について孔子に尋ねた。孔子は「民の食生活を安定させること。軍備を充実し国を安定させること。民との信頼関係を確立することだ」と答えた〉

とあるように、ここから孔子が国防にも十分関心を示していたことが分かります。

経済についての主張

経済政策は社会上、政治上重要なものの一つで、孔子はこの点に関しては、民それぞれが財を得て富むことを主張しました。かつ政府の重税の取り立て、搾取およびこれに類した行為に反対しました。孔子は政治を行う上で最も重要なことは、民を富ませることだと考えていましたので、《子路第十三》には、次のように記されています。

「子《し》、衛《えい》に適《ゆ》く。冉有僕《ぜんゆうぼく》たり。子曰く、庶《おお》きかな。冉有曰く、既に庶し、又何をか加えん。曰く、之を富まさん。曰く、既に富めり、又何をか加えん。曰く、之を教えん」

〈孔子が衛の国へ行った時、弟子の冉有（孔門の十哲。姓は冉、名は求《きゅう》また有、字は子有。魯の人。孔子より二十九歳若い）が御者《ぎょしゃ》となってお供をした。孔子は「おびただしい人だ」と述べた。冉有は

「おっしゃる通りおびただしい人です。では、更にどういうことをやっていったらよろしいでしょうか」と質問したところ、孔子は「民を富ませて生活を安定させてやることだ」と答えた。更に、冉有は「民が富んで生活が安定しましたなら、次は何をすればよろしいでしょうか」と尋ねた。孔子は「民を教育することだ」と教えた〕

孔子はこのような態度と考え方を持っていましたから、この冉有が季孫氏の家老として民から税金を取り立てたときなどは、孔子はたいへん怒って、他の弟子に対して

「吾が徒《ともがら》に非ざるなり。小子《しょうし》、鼓《つづみ》を鳴らして之を攻めて可なり」《先進第十一》

〔冉有は私たちの仲間ではない。若い弟子たちよ、戦《いくさ》のときのように鼓をたたいて彼を攻撃してよろしい〕

と痛烈に批判しました。

また、弟子の有若《ゆうじゃく》（姓は有、名は若、字は子有。敬称の「子」がついて有子とも呼ばれる。魯の人。孔子より十三歳〈一説に三十三歳、また三十六歳〉若い）が魯国の君主・哀公《あいこう》（名は蔣《しょう》。定公の子）に問われて、この点に関して具体的な議論をしている箇所が《顔淵第十二》にあります。

「哀公、有若に問いて曰く、年饑《としう》えて用《よう》足らず。之を如何《いかん》せん。有若対えて曰く、盍《なん》ぞ徹《てつ》せざるや。曰く、二《に》すら、吾猶《な》お足らず。之を如何ぞ、其れ徹せんや。対えて曰く、百姓《ひゃくせい》足らば、君孰《たれ》と与《とも》にか足らざらん。百姓足らずんば、君孰と与にか足らん」

（魯国の君主・哀公が孔子の弟子の有若に「この年度は飢饉のため、財政が不足しているが、どうしたらいいものか」と相談した。有若は「では、なぜ以前の十分の一の税法（周代の税法、十分の一を租税とする）を実行されないのですか」と進言した。哀公は驚いて「今施行している十分の二の税法ですら足りないのに、十分の一など、どうしてできようか」と言った。有若は「民が十分の一の税法で足りていると感じているのなら、公は誰とともに自分は十分ではないとおっしゃるのですか。民が重税で満ち足りないと感じているとき、公は誰とともに自分は満ち足りているとおっしゃるのですか。君民一体の立場に立って、民が富めば君も富み、民が貧しければ君も貧しくなることをよくお考えください」と答えた）

また、孔子は「富の均等」について、

「丘《きゅう》や聞く、国を有《たも》ち家を有つ者は、寡《すく》なきを患《うれ》えずして、均《ひと》しからざるを患う。貧しきを患えずして安からざるを患う。蓋《けだ》し均しければ貧しきこと無く、和すれば寡なきこと無く、安ければ傾くこと無し」《季氏第十六》

（私（孔子）は、国を治める諸侯、家を治める重臣など領土を持っている者が心配しなければならないことは、民や部下の少ないことを心配するのではなく、民が分相応に等しく分かち合って生活をしていないことを心配しなければならない、と聞いている。それは、富が等しければ自分だけが貧乏だという感じがなくなり、平和であれば人口が少ないという心配はなく、平安であれ

ば傾く心配はないからである〕

と主張しています。こうした考え方は完全に民を中心とした政治、経済思想で、この考えがずっと『孟子』『中庸』『大学』『礼記』などの多くの作者に広まっています。正に儒家の正統な主張で、後世においても為政者の標準となっているのです。

個人の品性の修養と倫理道徳

孔子は個人の品性、人格の修養、倫理道徳について、特に関心を向けておりました。個人の品性、人格の修養という点に関して、孔子が最も多く述べているのは「仁」です。『論語』の四百九十九章中、「仁」について論じられているところは五十八章あり、「仁」の文字は百五回出てきています。（後の孟子も常に「仁」について言及しており、『孟子』では七十一章にわたって「仁」が述べられており、「仁」の文字は百五十八回出ています）

(1) 先秦の文献

一方、「仁」についての考え方は、決して孔子に始まったというわけではありません。先秦（始皇帝以前）の文献（『論語』『孟子』を除く）の中にも、すでに「仁」に関する考えはしばしば見られます。

「予《われ》仁にして考」『尚書』《周書・金縢《きんとう》》

〔私は仁の徳があり孝を尽くしている〕（この「考」は「孝」の意味で使われている）

このように、周の初めの考え方に、すでに「仁」と「孝」が、同じように挙げられています。

「洵《まこと》に美《び》にして且つ仁なり」『詩経』《国風《こくふう》・鄭風《ていふう》・叔于田《しゅくうでん》》

〔まことに立派で心やさしい〕

「其の人美しく且《また》仁なり」『詩経』《国風・斉風《せいふう》・盧令《ろれい》》

〔誠に立派で、かつ情け深い〕

『毛伝《もうでん》』（『詩経』の注釈書）には、

「仁、愛なり」

〔仁とは愛である〕

《尭曰《ぎょうえつ》第二十》には、

「周親《しゅうしん》有りと雖《いえど》も、仁人《じんじん》に若《し》かず」

〔周王朝は人材に富んで善人が多くいたが、しかし、いかに親しい一族の者がまわりにいたとしても、他人であっても、仁徳ある人には及ばない〕

このほかに、『国語《こくご》』の中にも「仁」を述べた箇所が多くあります。

「仁は文の愛なり」『国語』《周語下《しゅうご》》

〔仁は文徳の愛である〕

「仁を為すは、親を愛するを之仁と謂う」《晋語《しんご》一》
〔仁を行うとは、親を愛することを仁と言う〕
「慈愛を明らかにして以て之を仁に導く」《楚語《そご》上》
〔慈愛を明らかにして、仁へと導く〕
「仁は民を保んずる所以《ゆえん》なり」《周語中》
〔仁は民を養う上での根本である〕
「国を為《おさ》むるは、国を利するを之仁と謂う」《晋語一》
〔国を治める者は、国を利することを仁と言う〕
「無道《むどう》を殺して有道《ゆうどう》を立つるは、仁なり」《晋語三》
〔人の道に背く無道を制して有道の人を立てるのは仁である〕

また『春秋左氏伝』に記述されている「仁」について、《僖公《きこう》八年》には、

「宋公《そうこう》疾《や》む。太子茲父《じほ》固く請《こ》いて曰く、目夷《もくい》は長且《ちょうか》つ仁なり。君其れ之を立てよ。公《こう》、子魚《しぎょ》に命ず。子魚辞《じ》して曰く、能く国を以て譲るは、仁孰《いず》れか焉《これ》より大ならん。臣は及ばざるなり」

〔宋国の君主・宋公（桓公、名は禦説《ぎょせつ》）が病気になった。皇太子茲父は「目夷は私の兄（異母兄）であり、仁のあつい人でもあります。どうか目夷（子魚）を国君に立ててください」と熱心に願い出た。宋公は子魚（目夷）に国君に立つように命じたが、子魚は「国を譲り受けるということは、

これよりまさる仁はありません。私にはとても及びません。それに庶子が立つのは順当ではありません」と言って辞退した〕

《僖公三十三年》には、

「臼《きゅう》季《き》曰く、臣之を聞く、門を出でては賓《ひん》の如くし、事を承《う》くること祭りの如くするは、仁の則なり」

〔晋国の重臣・臼季が言うには「ひとたび門を出て世の人と交わった場合は、あたかも国家にとって大切なお客様と会うときのように、相手を敬う気持ちで接し、また人々に働いてもらう場合は、相手を軽んじることなく、あたかも国家の大切な祭祀で奉仕するときのように、慎み深く気配りするのが仁の基本である」と私は聞いている」（「門を出でては賓《ひん》の如くし、事を承《う》くること祭りの如くす」は《顔淵第十二》にも同様の記述が見られる）

《成公《せいこう》九年》には、

「范文子《はんぶんし》曰く、楚囚《そしゅう》は君子なり。言《げん》、先職を称するは、本《もと》に背《そむ》かざるなり。……本に背かざるは、仁なり」

〔范文子（晋国の政治家）が語るところでは「捕虜となっている楚国の鍾儀《しょうぎ》は立派な人物です。先祖の職務のことを答え、出自を明らかにし、先祖以来の職務に誇りを持っていました。……祖先の職務を守り、出自を大切にすることは仁と言えましょう」〕

《昭公二十年》には、

「無極《むきょく》曰く、奢《しゃ》の子材《ざい》あり。若し呉《ご》に在らば、必ず楚国を憂《うれ》えしめん。盍《なん》ぞ其の父を免《ゆる》すを以て之を召さざる。彼仁ならば、必ず来たらん」

〔無極（楚国の臣。費無忌とも言う）が楚国の平王に讒言《ざんげん》して言うには「奢（伍奢《ごしゃ》。平王に仕え、太子の守り役を務める）の子（伍尚《ごしょう》。伍奢の長男）は才能があります。もし呉の国に逃れるようなことになったら、きっと楚の国を悩ますことになるでしょう。伍尚にはもしお前が来れば囚われの身の父を許してやろう、と偽って呼び出してはいかがでしょうか。彼は親孝行で仁の心がありますから、きっと来るでしょう」〕

などとあって、以上引用したところの先秦文献を総合しますと、孔子以前の早くから、人々は仁についての考え方を持っていました。そして、その内容は「孝」「親愛」「慈愛」「民を守る」「国を利する」「礼譲」「恭しさ」「本に背かない」といった意味を含んでおりました。『逸周書《いつしゅうしょ》』の中にも、「仁」の文字がたびたび出てきますが（およそ二十五回前後）、その意味するところは、おおよそここで引用した先秦の文献と同様です。また、これらの意義もすべて『論語』の中に見られる孔子の「仁」に対する見解と同じです。もっとも、孔子は「仁」の範囲を更に拡大し、その上に具体的な理論を付け加えています。

(2) 全道徳の総称「仁」

以上のように孔子の考え方を見てみますと、「仁」と言うのは、単にいろいろな道徳の中の一つということではなく、全道徳の総称と言うことができます。更に《里仁第四》には、

「不仁者は以て久しく約に処《お》るべからず。以て長く楽に処るべからず。仁者は仁に安んじ、知者は仁を利す」

〔仁の徳を持たない人は長い逆境の生活に我慢ができないもので、しばらくは我慢するが、つい悪事を働いてしまう。かといって幸福な生活にも長い間楽しむことができず、間違いを起こしてしまう。仁徳ある人は仁を自分の安住と考え、知性に富む人は仁徳の良さを知っているから、仁を得ようと心がけている〕

とあります。また《公冶長第五》には、

「子張問いて曰く、令尹子文《れいいんしぶん》は、三たび仕えて令尹と為れども喜べる色無し。三たび之を已《や》めらるれども慍《いきどお》れる色無し。旧《もと》の令尹の政は、必ず以て新しき令尹に告ぐ。如何。子曰く、忠なり。曰く、仁なるか。曰く、未《いま》だ知らず。焉《いず》くんぞ仁たるを得ん。崔子《さいし》斉の君を弑《しい》す。陳文子《ちんぶんし》馬十乗有り。棄てて之を違《さ》る。他邦に至りては、則ち曰く、猶《なお》吾が大夫崔子のごときなり。之を違る。一邦に之《ゆ》きては、則ち又曰く、猶吾が大夫崔子のごときなり。之を違る。如何。子曰く、清《せい》なり。

曰く、仁なりや。曰く、未《いま》だ知らず。焉《いづ》くんぞ仁たるを得ん」

（子張が孔子に二つの質問をした。一つ目は「楚国の宰相であった子文（姓は鬭《とう》、名は穀於菟《こくおと》、子文は字《あざな》）は三度も宰相の地位に就いては辞めさせられましたが、その都度喜びの顔も見せず、恨むこともなく政務に励みました。そして、職を辞したときは、新しい宰相に滞りなく引き継ぎを行いました」と説明して「このような行為をどのように評価されますか」と尋ねると、孔子は「職務に忠実である」とだけの返答だったので、子張が「では、仁者と言えますか」と尋ねると、孔子は「よく分からないが、それだけで仁者とは言えないだろう」との返答であった。二つ目は「斉国の重臣であった崔子《さいし》（崔杼）が君主・荘公《そうこう》を殺しました。そのとき、同じく斉国の重臣であった陳文子（姓は陳また田。名は須無）は、宰相として十乗（四十匹）の馬を持つほどの立派な身分であったのですが、その財産を棄てて他国へ亡命しました。すると、亡命したその国でも臣下が謀反を起こすという同じようなことが起こりました。陳文子は、我が国で重臣が君主を殺したのと同じようなことだ、と言って、その国を去りました。これはどのような人物でしょうか」と尋ねたところ、孔子が「清廉潔白なだけだ」と答えたので、子張は「それは仁でしょうか」と再度尋ねると、孔子は「よく分からないが、それだけで仁とは言えないだろう」と答えた）

とあります。いわゆる楚国の令尹《れいいん》（宰相）子文の忠実な態度も斉国の重臣・陳文子の清廉潔白だけの行動では仁とは称せないという孔子の評価です。

次に弟子の例を見てみますと、《雍也第六》には、

「子貢曰く、如し博く民に施して能く衆を済うこと有らば、如何。仁と謂うべきか。子曰く、何ぞ仁を事とせん。必ずや聖か。尭《ぎょう》・舜《しゅん》も其れ猶《な》お諸《これ》を病《なや》めるか。夫れ仁者は己《おのれ》立たんと欲して人を立て、己達《たっ》せんと欲して人を達す。能《よ》く近く譬《たと》えを取る、仁の方と謂《い》うべきのみ」

〔子貢が「もし多くの人たちに恩恵を施して救済することができれば、それが仁と言えますでしょうか」と孔子に尋ねた。孔子は「それは仁どころか聖人と言ってもいいだろう。聖天子と言われた尭帝（のち位を舜に譲る。舜帝と共に中国の理想的帝王とされる）や舜帝ですら、民の救済実現に心を砕いていたのだから、聖人と言われるのは当然だ、そもそも、仁者は自分が何か樹立したいと願うときには、まず他人に樹立させる。自分が何かに到達したいと願うときには、他人にも到達してもらいたいと願うものだ。すなわち、手近なところから善意を人に及ぼす、こうした心がけこそが仁の道と言えるのだ」と答えた〕

とあります。

次に、樊遅が仁とは何かと問うたところ、孔子は

「樊遅仁を問う。子曰く、人を愛す。知を問う。曰く、人を知る。樊遅未だ達せず。子曰く、直きを挙げて諸《これ》を枉《まが》れるに錯《お》けば、能く枉れる者をして直からしむ。樊遅退きて子夏《しか》に見《まみ》えて曰く、郷《さき》に吾夫子《ふうし》に見えて、知を問いしに、子曰く、直きを挙げて諸を枉れるに錯けば、能く枉れる者

をして直からしむ。何の謂いぞや。子夏曰く、富めるかな言《げん》や。舜、天下を有《たも》ち、衆に選びて、皐陶《こうよう》を挙げ、不仁者遠ざかれり。湯《とう》、天下を有ち、衆に選びて、伊尹《いいん》を挙げ、不仁者遠ざかれり」《顔淵第十二》

〔樊遅が「仁とは何でしょうか」と孔子に質問した。孔子は「人を愛することだ」と答えた。樊遅は続けて「知とは何でしょうか」と孔子に質問した。孔子は「人を知ることだ」と答えた。樊遅は意味がよく分からず、もう一度尋ねると、孔子は「まっすぐな材木を、曲がった材木の上に載せておくと、いつの間にか曲がった材木がまっすぐになる。このようにすることが知である」と教えられた。樊遅はこれでは十分理解できなかったので、兄弟子の子夏（孔門の十哲。姓は卜《ぼく》、名は商、子夏は字。衛の人。孔子より四十四歳若い）に尋ねた。「先ほど先生に会って、知とは何でしょうかと尋ねると、まっすぐな材木を、曲がった材木の上に載せておくと、いつの間にか曲がった材木がまっすぐになると教えられたのですが、これはいったいどのような意味でしょうか」と質問した。すると、子夏は「内容豊かなお言葉だなあ」と言って説明するには「昔、舜帝が天下を治めたとき、多くの人々の中から皐陶（有虞《ゆうぐ》氏。字は庭堅《ていけん》。法律を作り刑罰を定める）を選んで司法の長官に登用したので、不仁者は遠く逃げていってしまった。また、殷の湯王（名は履《り》。殷王朝の始祖）が天下を治めたとき、多くの人々の中から伊尹（姓は伊、名は摯《し》、尹は官名）を選んで宰相に登用したので、不仁者は遠く逃げていってしまった。人を知ることを『知』とおっしゃっ

た先生の言葉通りだ」と言って聞かせた〕

とあります。

また同じく《顔淵第十二》に、

「**顔淵仁を問う。子曰く、己《おのれ》に克《か》ちて礼に復《かえ》るを仁と為す。一日《いちじつ》己に克ちて礼に復らば、天下仁に帰せん。仁を為すは己に由《よ》る。而《しか》して人に由らんや。顔淵曰く、其の目《もく》を請い問う。子曰く、礼に非《あら》ざれば視ること勿《なか》れ、礼に非ざれば聴くこと勿れ、礼に非ざれば言うこと勿れ、礼に非ざれば動くこと勿れ。顔淵曰く、回《かい》不敏なりと雖も、請う斯《こ》の語を事とせん**」

〔顔淵が仁について孔子に質問した。孔子は「自分の欲望に打ち克って、いかなる場合でも、礼という社会的規範に基づいた行動をとることが仁である。もし、たった一日だけでも、この『克《こっ》己復礼《きふくれい》』いうことを実践できれば、天下の人々も皆仁になっていくだろう。すなわち礼が実践できるようになることは、結局自分の力によってのみ可能となるのであって、他人の力に頼ってできるものではない」と答えた。顔淵は「礼を実行する細目を詳しく教えてください」とお願いしたところ、孔子は「礼に外れたことは見てはいけない。礼に外れたことは聞いてはいけない。礼に外れたことは言ってはいけない。礼に外れたことは行ってはいけない。すべて礼に照らして行動しなさい」と答えた。顔淵は「回（顔淵の名）は至らないものですが、一生かけて実行していきたいと思います」と誓いを述べた〕

とあります。また同じく《顔淵第十二》に、

「仲弓仁を問う。子曰く、門を出でては大賓《たいひん》を見るが如くし、民を使うには大祭《たいさい》を承《う》くるが如くす。己の欲せざる所、人に施すこと勿れ。邦《くに》に在りても怨み無く、家に在りても怨み無からん。仲弓曰く、雍《よう》不敏なりと雖ども、請う斯《こ》の語を事とせん」

〔仲弓が「仁とは何でしょうか」と質問したところ、孔子は「ひとたび門を出て世の人と交わった場合は、あたかも国家にとって大切なお客様と会うときのように、相手を敬う気持ちで接し、また人々に働いてもらう場合は、相手を軽んじることなく、あたかも国家の大切な祭祀で奉仕するときのように、慎み深く気配りしなければならない。仁とは思いやりであるから、自分がして欲しくないようなことを他人にしてはならない。このような気持ちで行動すれば、自分が所属する組織でも家庭でも人から怨まれるようなことはない」と教え諭した。仲弓は「雍（仲弓の名）はおろか者ですが、このお言葉を一生実践いたします」と誓いを述べた〕

などとあります。なお、『春秋左氏伝』《僖公三十三年》で臼季が語った「門を出でては大賓を見るが如くし、民を使うには大祭を承くるが如くす」と同様の記述です。また、《衛霊公第十五》には、

「子貢問いて曰く、一言《いちげん》にして以て身を終うるまで之を行うべき者有りや。子曰く、其れ恕《じょ》か。己の欲せざる所、人に施すこと勿れ」

〔子貢が「一言でしかも一生涯守っていくべき名言があるでしょうか」と質問した。これに対し

て孔子は「それは恕（思いやり）であろうか。その思いやりというのは、自分がして欲しくないようなことを他人にしてはならないということだ」と答えた〕

とあり、「恕」もまた「仁」に包括されるのです。《子路第十三》には、

「剛毅朴訥《ごうきぼくとつ》は、仁に近し」

〔強い意志を備え決断力があり、素朴で口べたということは、そのことが仁そのものとは言えないが、仁に近いものである〕

とあります。また、同じく、《子路第十三》には、

「樊遅仁を問う。子曰く、居《お》る処に恭《きょう》、事を執《と》りて敬《けい》、人と忠なるは、夷狄《いてき》に之《ゆ》くと雖も棄《す》つべからざるなり」

〔樊遅が「仁とはどのようなものでしょうか」と質問したところ、孔子は「日常生活の中でも、恭しく身を慎むことを心掛けなさい。どんな仕事のときでも、心を集中して謹み深く、尊敬の心を忘れないで働きなさい。また、どんな人に対しても誠実でありなさい。この『恭』『敬』『忠』の三つをどんなところへ行こうとも捨て去ってはいけない」と教え諭した〕

《八佾第三》には、

「定公問う、君《きみ》臣を使い、臣君に事うること、之を如何にせん。孔子対えて曰く、君は臣を使うに礼を以てし、臣は君に事うるに忠を以てす」

〔魯国の君主・定公《ていこう》が君臣の関係はどうあるべきかを孔子に尋ねた。孔子が答えて言うには「君主が臣下を使うときは、礼の心で使わねばなりません。臣下が主君に仕えるときは真心をもって仕えなければなりません」と答えた〕

とありますが、主君に仕えることも、また「人に尽くす」の一端です。ここでは更に強調しているにほかなりません。

《憲問第十四》には、

「徳有る者は必ず言《げん》有り。言有る者は必ずしも徳有らず。仁者は必ず勇有り。勇者は必ずしも仁有らず」

〔仁徳のある人は必ずいいことを言うが、いいことを言う人が必ずしも仁徳がある人とも限らない。仁徳のある人は必ず勇気があるが、勇気のある人が必ずしも仁徳のある人とは限らない〕

《陽貨第十七》には、

「子張仁を孔子に問う。孔子曰く、能く五の者を天下に行うを仁と為す。之を請《こ》い問う。曰く、恭・寛・信・敏・恵なり。恭なれば則ち侮られず、寛なれば則ち衆を得、信なれば則ち人任じ、敏なれば則ち功有り、恵なれば則ち以て人を使うに足る」

〔子張が孔子に「仁とはどういうものでしょうか」と質問した。孔子は「五つの徳を至るところで実行していくことが、仁である」と教えた。子張は「その五つの徳を教えてください」と更に教えを請うたところ、孔子は「恭（慎みがあること）・寛（寛大であること）・信（言葉に偽りがないこと）・敏（物事の処理に敏速であること）・恵（恵み深いこと）であって、慎みがあれば、人からは侮りを受けない。寛大であれば多くの人から慕われる。信義を守れば、人からは信頼される。行動が敏速であれば業績が上がる。恵み深ければ民を上手に使うことができる。この五つの徳を備え、あらゆるところで立派に実行していくことが仁である」と教え導いた〕

などとあります。また「教育の精神」でも述べましたが、

「宰我問う、三年の喪は、期已《はなは》だ久し。君子三年礼を為さずんば、礼必ず壊《やぶ》れん。三年楽を為さざれば、楽必ず崩れん」《陽貨第十七》

〔宰我が三年の服喪について、孔子に反論した。「父母のためにする三年の服喪は、期間が長すぎます。君子が喪に服して三年も礼や楽を行わなければ、世の中の礼や楽は必ず乱れてしまうのではないでしょうか」〕

とあります。これは孔子がただ礼の周辺にある儀礼的なものに注意したのではなく、礼の基本精神に注意を向けさせようとしたのです。《八佾第三》に、

「林放《りんぽう》礼の本を問う。子曰く、大いなるかな問いや。礼は其の奢《おご》らん与《よ》りは、寧《むし》ろ倹なれ。喪は其の易《おさ》まらんよりは、寧ろ戚《いた》め」

〔魯国の林放（『史記』《仲尼弟子列伝》には弟子としての記載がない）という人が「礼の根本とは何で

しょうか」と孔子に質問した。孔子は「大きな質問だ」と言って「礼は分を越えて派手に、華やかにするよりは、どちらかといえば、控え目に慎ましやかにするほうがいい。葬礼は手順などが行き届いて立派に行われるよりは、むしろ心からの哀悼の情でこれに望むほうがいい」と教え導いた〕

また、《子張《しちょう》第十九》には、

「子張曰く、士危うきを見ては命《めい》を致し、得ることを見ては義を思い。祭には敬を思い、喪には哀《あい》を思わば、其れ可ならんのみ」

〔子張は「国家の危機に直面した場合は、一身を投げ出す。利得を考える場面ではそれが正しい道に叶っているかどうか考える。祭りにあたっては敬虔を忘れないように心がけ、喪にあたっては最も重要な悲哀の情を尽くすように心がける。そうであってこそ立派な士と言える」と言った〕

とあります。

また、楽というのは、ただその外面に表れるリズムだけに気を配るのではなく、音楽の基本となる心身の調和に役立たせることに気を配らなくてはなりません。

「礼と云《い》い、礼と云うも、玉帛《ぎょくはく》を云わんや。楽と云い楽と云うも、鐘鼓《しょうこ》を云わんや」《陽貨第十七》

〔礼だ、礼だとよく言うが、宝石やきらびやかな絹の布で飾ることを言うのだろうか。礼の根本は心の敬いにあるのだから、その敬いの心を忘れてはならない。楽だ、楽だとよく言うが、鐘や太鼓で賑やかにすることを言うのだろうか。楽の根本は心の和らぐことにあるのだから、派手な形式より精神そのものが大切である〕

また、《陽貨第十七》の宰我の服喪の話題に戻りますが、

「予《よ》の不仁なるや。子生まれて三年、然る後に父母の懐《ふところ》を免《まぬが》る。夫《そ》れ三年の喪は、天下の通《つう》喪《そう》なり。予や、三年の愛其の父母に有るか」

〔孔子は「予（宰我）はまことに不仁な人間だ。子供は生まれて三年間は父母の懐に抱かれ、三年たって初めて父母の懐を離れるものである。その父母の恩情に報いるために、そこから三年の喪が定められたのであって、これは万人共通の服喪制度である。しかし、宰我は生後三年間、父母から愛情を受けたことがなかったのであろうか」と嘆息した〕

とあります。

孔子がいわゆる三年の喪を主張したのは、父母の養育に対する恩に報いるということに重きを置いたので、父母が亡くなったというのに、米のご飯を食べ、立派な服を着るようでは哀悼の気持ちが表れておらず、このような態度では、孝とは言えないということです。

以上のように、「孝」もまた「仁」に包括されるのです。《子張第十九》には、

「子夏曰く、博《ひろ》く学びて篤く志し、切《せつ》に問いて近く思う、仁其の中に在り」

〔子夏が言った「学問をするには、まず広く学んだことをしっかり記憶する。そして志を強くし、十分理解できるよう努力する。また、学んでも分からないところは熱心に問いただし、考えが高遠になりすぎないよう、身近なところから進めていくべきだ。この「博学《はくがく》・篤志《とくし》・切問《せつもん》・近思《きんし》」で学問をやっていけば、そこから仁を体得する道が開けてくる」〕

とあり、よく学ぶということも「仁」の中に包括されているのです。

『春秋左氏伝』《襄公三十一年》には、

「鄭人《ていひと》、郷校《きょうこう》に遊び、以て執政を論ず。然明《ぜんめい》、子産に謂いて曰く、郷校を毀《こぼ》たば何如《いかん》。子産曰く、何ぞ為さん。夫人《ひとびと》朝夕して退きて遊び、以て執政の善否《ぜんぴ》を議す。其の善《よ》しとする所の者は、吾則ち之を行い、其の悪しとする所の者は、吾則ち之を改めん。是れ吾が師なり。之を若何《いかん》ぞ之を毀たん。我、忠善を以て怨みを損するを聞く。威《い》を作《な》して以て怨みを防ぐを聞かず。豈《あ》に遽《にわ》かに止めしめざらんや。然れども猶《な》お川を防ぐがごとし。大決《たいけつ》の犯す所は、人を傷つくること必ず多し。吾救うこと克《あた》わざるなり。小決《しょうけつ》して道《みちび》かしむるに如《し》かず。吾聞きて之を薬とするに如かざるなり。然明曰く、蔑《べつ》や、今にして後、吾子《ごし》の信《まこと》に事《つか》うべきを知る。小人実に不才なり。若《も》し果たして此《これ》を行わば、其れ鄭国実に之に頼《よ》らん。豈《あ》に唯《ただ》二三の臣のみならんや。仲尼《ちゅうじ》是《こ》の語を聞くや曰く、是《これ》を以て之を観るに、人、子産を不仁と謂うも、吾は信ぜざるなり」

〔鄭国の人々はよく里の学校である郷校に集まって政治について論じ合っていた。鄭国の重臣・然明が同じく重臣の子産に「郷校をやめにしたらどうでしょう。政治への批判もなくなります」と言ったが、子産は「とんでもない。人々が朝晩勤めに出て、仕事が終わってからここに寄り集まり、そして今の政治の良し悪しを論議し合っている。みんなが良いということは私が実行し、悪いとされるところは私が改める。いわばこうした評価こそが私の師である。どうして止められようか。私は『真心と親切で恨みを減らせ』とは聞いたが、『力任せでやって恨みを封じ込めよ』とは聞いたことがない。学校での論議を今すぐ止められないことはないが、しかし、それは川を堰《せ》き止めるようなもので、大きく決壊すれば、その害はひどいことになって、私には救えない。それよりも少しずつ解決していき、うまく導くほうが得策である。人々の議論を聞いて自分の薬にするほうがましだ」と答えた。然明は「私は感動しました。今はじめて、あなたこそが本当にお仕えすべき人だということが分かりました。もしあなたがずっとおやりになるなら、鄭国の人すべてが頼りにし、恩恵を受けるでしょう。それも少数の人たちだけの利益ではありません」と述べた。仲尼（孔子）は子産の言葉を聞いて言うには「これで分かるだろう。いくら子産を不仁の人だと言うものがあっても、私は信じない」と語った〕

とあり、まさしく「芻蕘《すうじょう》に詢《と》う」『詩経』《大雅《たいが》・生民之什《せいみんのじゅう》・板《はん》》〔身分の上下にかかわらず、どんな質問をしても恥ずかしくない」という言葉通り、よくいろいろな人の意見を聞くことができれば、善は行われ、悪は改められるわけですから、孔子は「仁」として認めたのです。

また『春秋左氏伝』《文公二年》には、

「仲尼《ちゅうじ》曰く、臧文仲《ぞうぶんちゅう》は、其の不仁なるもの三、……展禽《てんきん》を下し、六関《りくかん》を置き、妾《しょう》、蒲《ほ》を織るは三不仁なり」

〔仲尼（孔子）は、「魯国の重臣・臧文仲（姓は臧孫、名は辰《しん》。仲は字、文は諡。柳下は号とも、土地の呼び名とも言う。荘公、閔公、僖公、文公に仕えた）の処置に、不仁な行為が三つあった。……賢者の展禽（柳下恵《りゅうかけい》、魯国の重臣。姓は展、名は獲《かく》。字は禽）を抜擢しなかったこと。六つの関所を設け重税を課したこと。召使いの女子供にむしろを織らせ、民と利益を争ったこと。これが三つの不仁である」と語った〕

とあります。また《衛霊公第十五》にも、

「臧文仲は其れ位を窃《ぬす》める者か。柳下恵の賢を知りて、与《とも》に立たざるなり」

〔臧文仲は職責を果たさなかった。それは柳下恵（展禽）のような賢人を抜擢せず、共に政権を担当し良い政治をしようとしなかった〕

とある通り、臧文仲は賢人を用いることをせず、徒に税を取り立て、そのうえ民との間で利権を争ったという疑いがあったので、孔子はこうした行為を不仁だとしました。

《憲問第十四》には、

「子貢曰く、管仲《かんちゅう》は仁者に非《あら》ざるか。桓公《かんこう》公子《こうし》糾《きゅう》を殺すとき、死する能わず。又之を相《たす》く。子曰く、管仲桓公を相けて、諸侯に覇《は》たらしめ、一たび天下を匡《ただ》して、民今に至るまで其の賜《たまもの》を受く。管仲微《な》かりせば、吾其れ被髪《ひはつ》左衽《さじん》せん」

〔子貢が「管仲（斉の重臣。姓は管、名は夷吾《いご》。仲は字）は仁者とは言えないのではないでしょうか。桓公（斉国の君主。名は小白。春秋の五覇である斉の桓公、晋《しん》の文公、楚《そ》の荘公、宋の襄公《じょうこう》、秦《しん》の穆公《ぼくこう》の一人）が自身の相続相手である公子糾（斉の重臣。桓公の異母弟）を殺したとき、管仲は自分の主君であった公子糾に殉じることなく、むしろ仇であった桓公に仕え、補佐していますが、いかがですか」と質問した。弟子の質問に対して孔子は、「管仲は桓公の宰相として、桓公を諸侯の覇者として天下を統一させるという功績をあげた。人々は今日に至るまでその管仲の恩恵を受けている。もし管仲がいなかったら、中国は他民族に征服され、髪はざんばらで、着物は左前に着るような異民族の風俗にされていただろう」と答えた〕

とあり、孔子は管仲を称賛して「其の仁に如《し》かんや。其の仁に如かんや」《憲問第十四》〔誰が管仲の仁より優《まさ》ると言えようか〕と言っています。管仲は斉国の桓公を助け天下を正しい方向に導いただけでなく、中華をして多民族から救い、文化を失墜させることなく維持しました。

以上のことから管仲の行為を見ると、「仁」というのは品性の修養に関することだけでなく、政治上の行為および文明を維持し守るといったことをも包括しているのです。このように、孔子の思想で語られる「仁」はいろいろな徳目を含んでおり、すべての徳の総称であると言うことができます。

次は、孔子がよく論じた、「直」の徳です。いわゆる直というのは、内に向かっては自ら欺く心がなく、外に向かっても人を欺く行為がなくて、正しく曲がったことはしないという意味ですから、孔子は、

「人の生けるや直《なお》ければなり。之罔《な》くして生けるは、幸《さいわい》にして免るるなり」《雍也第六》

〔人がこの世に生きていけるのは、すなおに道を歩んでいるからである。そのすなおさがなくて生きていけるのは、幸いにも災難から免れているからである〕

と述べています。そして、史魚《しぎょ》（衛国の重臣。名は鰌《しゅう》、魚は字）を賛美して、

「直《ちょく》なるかな史魚。邦《くに》に道あるときも矢の如く、邦に道無きときも矢の如し」《衛霊公第十五》

〔孔子は史魚を評して、誠に正直一途の人物である。国家に道が行われ治まっているときも、矢のようにまっすぐであるし、国家に道が行われず乱れているときも、矢のように曲がることはない〕

と述べられていますが、史魚とは反対に、微生高《びせいこう》（姓は微生、名は高。魯国の人）について、孔子は批判して次のように述べています。

「孰《たれ》か微生高を直《ちょく》なりと謂うや。或《ある》ひと醯《す》を乞う。諸《これ》を其の鄰《となり》に乞いて之に与えたり」《公冶長第五》

〔微生高という人がいて、正直者という評判を得ていたが、孔子は「誰が彼を正直者と言ったのか、ある人が微生高の所に酢を分けてもらいに来たことがある、手持ちの酢がなかった微生高は、隣からもらって来て、自分のもののようにして与えた、ということではないか」と批判した〕

孔子は微生高を不直だとしています。「直」というのはもともと人が社会に存在する上での、人となりの基本的な条件の一つです。前者の史魚の例では、人の志というものは、正しいことを守り不正を働かず、自分の国の混乱や転変に至るような原因を作りませんでした。ですから孔子は、彼のことを「直」と言ったのです。一方、微生高に至っては、人を欺く行いがありました。すなわち自分自身が所有もしていないのに、他人が所有するものを借りてきて己のものとする行為、これは人を欺くということです。よって、孔子は彼を「不直」だと言ったわけです。

また《子路第十三》に、

「葉公孔子に語《つ》げて曰く、吾が党に直躬《ちょくきゅう》なる者有り。其の父羊を攘《ぬす》みて、子之を証せり。孔子曰く、吾が党の直き者は、是《これ》に異なり。父は子の為に隠し、子は父の為に隠す。直《なお》きこと其の中に在り」

〔楚国の重臣・葉公は自分の領地を訪問した孔子に「私の村には直躬という正直者がおりまして、よその羊が迷い込んだので、それを着服した父親を自分が証人になって訴え出ました」と語った。これに対して孔子は「私どもの村の正直者は、父親は子供のためにその悪事をかばってやり、子

供は子供で父親のためにその悪事を隠します。親と子が互いにかばい合う中にこそ「直」の精神が存在しています」と反論した〕

とあります。（この故事は『韓非子《かんぴし》』《五蠹《ごと》》、『呂氏《りょし》春秋』《当務》にも見られる）そこで親子の人倫でありますが、「羊を盗む」ということは他人のものを盗ってくるという犯罪行為ではありますが、言うに忍びず、また言葉に言い表せない行為、これも「直」なのです。これは親に仕える孝行の道であって、よく父母に仕え、人々を慈しむ行為もすでに「仁」の中に包括されていますから、「直」も「仁」の一端と言えます。

以上の述べました内容から、孔子の唱えた「仁」とは、すなわち、人の人たる所以の道理を指しているということができます。また、孟子も次のように述べています。

「仁なる者は、人なり。合して之を言えば、道なり」『孟子』《尽心章句下《じんしんしょうくげ》》

〔仁とは人の意である。合わせて言えば、仁の徳を行うのは人であるから、仁と人とを合わせれば、人の道にほかならない〕

また、『中庸《ちゅうよう》』《第二十章》にも、

「仁は人なり」

〔仁は人が行うべき道である〕

という句が見られます。唐代の『論語』の鈔本には「仁」と「人」のどちらにも使われています。道は「路」であり、「理」です、仁道とはすなわち日常生活の中で一人ひとりが当然守らなければならない道理なのです。ですから孔子は、

「苟《いやし》くも仁に志せば、悪しきこと無し」《里仁第四》

〔本当に仁にさえ志していれば、悪の芽生える心配はない〕

と言っています。言い換えれば、人徳を備えた人が初めて人であると言うことができるので、『孟子』と『中庸』に述べられている内容は、よく孔子の意に合っしているのです。また、

「老者は之を安んぜしめ、朋友は之を信ぜしめ、少者は之を懐かしめん」《公治長第五》

〔老人たちには安心してもらい、友達からは信頼され、若い人たちからは頼られるようになりたいものだ〕

「吾が老を老として以て人の老に及ぼし、吾が幼を幼として以て人の幼に及ぼす」『孟子』《梁《りょう》恵王章句上《けいおうしょうくじょう》》

〔わが家の老人を年長者として敬い仕え、その心をよその老人にも向けて、同じように敬い労わっていく、わが家の幼い者を幼い者として愛し、その心を他人の幼い者にも向けて同じように愛していく〕

「四海の内、皆兄弟なり」《顔淵第十二》

〔世界中が皆兄弟である〕

などとありますように、人々は豊かになって、初めて世界が大同《だいどう》（『礼記《らいき》』《礼運《れいうん》》公平で平和な理想的社会を表す）の境地に達することができるのです。

五　孔子の教育方法およびその目的

さて、孔子の学問探究や教育精神および孔子の中国における教育史上の地位について述べてきました。ここでもう一つ、孔子の教育方法と教育目的について触れておきたいと思います。

孔子の教育方法

孔子の教育方法というのは、人によってその人に合った教えを施すという方法をとってきました。とりわけ学ぼうとするその人自らが啓発され、自らが自分を伸ばそうとする。そして自らが悟ろうとする姿勢に注意を向けました。例えば、弟子が孔子に「仁」や「孝」について尋ねても、人によって環境や立場が異なっているわけですから、孔子の答えは、当然それぞれ同じではありませんでした。一つ二つ例を挙げてお話ししましょう。樊遅が仁とは何でしょうかと尋ねたところ、孔子は、

「人を愛す」《顔淵第十二》

〔人を愛すること〕

と答えました。同じく、顔淵が仁を尋ねました。孔子が答えて言うには、

「己に克ちて礼に復《かえ》るを仁と為す」《顔淵第十二》

〔自分の身勝手を行わないように、心では自分というものを引き締め、人の踏まねばならぬものを踏み行うことが仁である〕

とあります。また《為政第二》で、孝とは何かという問いに対しては、

「孟懿子《もういし》、孝を問う。子曰く、違《たが》うこと無かれ。樊遅御《ぎょ》す。子之《し》に告げて曰く、孟孫《もうそん》孝を我に問う。我対《こた》えて曰く、違うこと無かれ。樊遅曰く、何の謂いぞや。子曰く、生けるときは之に事うるに礼を以てし、死せるときは之を葬るに礼を以てし、之を祭るに礼を以てす」

〔魯国の重臣・孟懿子（名は何忌。懿は諡。孟僖子の子）が親孝行について質問した。孔子は「礼の意味を取り違えないように」とだけ答えた。孔子は帰り道で、御者の役目についた樊遅に「先ほど、孟孫（孟懿子）に孝行とは何か、と問われたので、取り違えないように、とだけ答えた」と語りかけた。樊遅は意味が分からず「どのような意味でしょうか」と尋ね直したところ、孔子は、「親の生存中は礼によって仕え、親が亡くなったときは礼によって葬る、亡くなった後も礼によってお祭りをすることが大切だ」と教え導いた〕

とあります。また同じく《為政第二》では、次のようにあります。

「子夏、孝を問う。子曰く、色難《いろかた》し。事有れば、弟子《ていし》其の労に服し、酒食有れば先生饌《せん》す。曾《すなわ》

ち是《これ》を以て孝と為す」

〔子夏が孝について尋ねた。孔子は「親に仕えるにあたっては、穏やかで楽しそうな顔つきで接し、親に喜んでいただくことが大切だ。ただ、この穏やかで楽しそうな表情が難しいことだ」と答えた。そして「用事があれば親に代わって仕事をしたり、酒食があれば先輩に差し上げたり、これだけで親孝行と言えるだろうか。食事や身の回りの世話をすることも大切だが、細やかな気配りこそ大切だ」と説いた〕

おおむね人間というものは人それぞれに欠陥を持っていますから、孔子は問答の対象となった弟子の欠点に即応した指摘をし、特に個人個人に教え諭し、彼らに注意を向けさせようとしたのです。同時に、弟子が教えを受けようとする過程にあって、自分自身で発奮し、自ら悟ろうとする努力を要求しました。《述而第七》に次のようにあります。

「憤《ふん》せざれば啓《けい》せず。悱《ひ》せざれば発せず。一隅《いちぐう》を挙ぐるに、三隅《さんぐう》を以て反《かえ》さざれば、則ち復《ふたた》びせざるなり」

〔孔子は教えを受けようとする学生自身が、何かを理解しようと積極的に努力を重ね、それでも解決がつかない場合、その人の意欲が盛り上がり、見た目に現れるほどにならなければ、教え導くことはしない。学生自身が答えを言おうとして、頭では理解していながらそれを上手に表現できないで、もどかしい気持ちになり、それを口でうまく表現できないで苦しみながら、今にも答えが出そうになるぐらいに至らなければ、言葉で説いて聞かせるようなことはしない。例えば、私が四角形のある物を例に示して説明したとする。まず、その一つの角について、私がヒントを与えておいても、まだ他の三角について自分から類推できないようなことでは、私は二度と教え導かない〕

これらは正しく弟子自身に、困難を克服して知識を得ようとする精神と態度を身に付けさせたいという孔子の教育精神と教育姿勢だと言えます。

孔子の用いた教材

孔子が用いた教授材料は、すべて古代の典籍で、『易（易経）』『書（書経）』『詩（詩経）』『礼（礼記）』『楽』『春秋』などです。例えば、《述而第七》には、

「子の雅言《しがげん》する所は、詩、書。執礼《しつれい》は皆な雅言するなり」

〔孔子は『詩経』と『書経』を正しい発音で読んだ。礼を執り行うときも正しい発音で読むなど、古典を尊重していた〕

また、《子罕第九》には、

「吾衛《えい》より魯に反《かえ》りて、然る後に楽《がく》正しく、雅頌《がしょう》各《おのおの》其の所を得たり」

〔私が衛の国から魯国に帰って以来、努力の甲斐があって、乱れていた音楽が正しい調子になり、

朝廷の舞楽である「雅《が》」と宗廟《そうびょう》の舞楽である「頌《しょう》」とが正しく整理された」とあります。ですから孔子自らが語っていることは、

「述べて作らず。信じて古を好む。窃《ひそ》かに我を老彭《ろうほう》に比す」《述而第七》

〔私は古人の遺した教えを祖述はするが、自ら新しい説を創作することはしない。過去の良いものだけを信じることが私の態度であるが、ひそかに殷王朝の政治家老彭になぞらえている〕

と述べられています。また、孔子は書物によって教え導く以外には、更に個人の品性の修養に注意を傾けました。

「博《ひろ》く文を学び、之を約するに礼を以てすれば、亦た以て畔《そむ》かざるかな」《顔淵第十二》

〔人格完成のためには、学問で広い教養を身につけ、礼という社会的規範によって行動を正せば、道に背くことはない〕《雍也第六》にもほぼ同様の記述が見られる〕

孔子は弟子を教え導くにあたっては、広い教養を身につけさせるばかりでなく、礼という社会的規範を身につけることを求めました。それは、たとえ「易を学び」「書を学び」「詩を学び」「礼を学び」「楽を学び」「春秋を学ぶ」中であっても、孔子の注視したところは、決して文学や歴史の研究といった知識面だけにあるのではなく、人間的な修養を行うことに注目したのです。

そこで『易経』について見てみますと、

「其の徳を恒《つね》にせざれば、或いは之が羞《はじ》を承《う》く」『易経』《恒卦《こうか》九三爻辞《こうじ》》

〔その徳を久しく保たなければ、他人より辱めを受けることがある〕

とあります。『書経』では、

「惟《こ》れ孝に、兄弟《けいてい》に友《ゆう》に、克《よ》く有政《ゆうせい》に施す」『書経』《周書・君陳《くんちん》》

〔君陳《くんちん》（周王朝建国の功臣・周公旦《しゅうこうたん》の子）よ、お前は父母に対して孝であり、兄弟が互いに助け合うことで、政治にまで広げることができるのだ〕

「或《ある》ひと孔子に謂いて曰く、子奚《なん》ぞ政《まつりごと》を為さざるか。子曰く、書云う『孝なるかな惟《こ》れ孝、兄弟《けいてい》に友《ゆう》に、克《よ》く有政に施す』是《これ》も亦た政を為すなり。奚ぞ其れ政を為すこと為さん」《為政第二》

〔ある人が孔子に「あなたはどうして政治活動をしないのですか」と尋ねた。孔子は「『書経』には「孝行だなあ、これこそ孝行というものだ。一人の孝行が兄弟にも広がり、一家にも広がって、更に国の政治にも影響していく」とある。親に仕え孝を尽くす努力をしていることが政治なのだ。政治活動することだけが政治だろうか〕

とあります。また、「詩経」には、

「詩に興る」《泰伯第八》

〔詩は人情の自然から発して思いを述べたものであるから、心に強く感じて奮起することができる〕

「詩三百を誦《しょう》し、之に授《さず》くるに、政を以てして達せず、四方に使いして、専対《せんたい》すること能《あた》わずんば、多しと雖《いえど》も、亦た奚《なに》を以てか為さん」《子路第十三》

（詩経の三百篇を習って詩に通じながらも、政治に手腕が振るえなくて、四方の国へ使いに行っても、自分の考えを述べられぬようでは、それは何の役にもたたない）

「陳亢伯魚《ちんこうはくぎょ》に問いて曰く、子も亦た異聞《いぶん》有るか。対えて曰く、未だし。嘗て独り立てり。鯉趨《りはし》りて庭を過ぐ。曰く、詩を学びたるか。対えて曰く、未だし。詩を学ばざれば、以て言うこと無し。鯉退きて詩を学べり」《季氏第十六》

（弟子の陳亢（姓は陳、名は亢、字が子禽《しきん》。陳の人。孔子より四十歳若い）が孔子の一人息子の伯魚（姓は孔、名は鯉、伯魚は字）に対して「あなたは父上から何か特別な教えを受けたことがありますか」と尋ねた。伯魚は「いいえ。ありません。かつて、父が縁側で一人立っていたとき、私が小走りに中庭を通り過ぎようとしましたら、父に呼びとめられて『詩を勉強したか』と尋ねられましたので『いいえ、まだです』と答えましたところ『詩を学ばねば世間に立ち交わり、十分にものが言えないぞ』と教えられましたので、引き下がって詩の勉強をしました」と答えた）

「小子《しょうし》何ぞ夫《か》の詩を学ぶこと莫《な》きか。詩は以て興す可く、以て観る可く、以て羣《ぐん》す可く、以て怨《うら》む可し。之を邇《ちか》くしては父に事《つか》え、之を遠くしては君に事う。多く鳥獣草木《ちょうじゅうそうもく》の名を識《し》る」

《陽貨第十七》

〔孔子は「お前たちはどうして詩を学ばないのか」と語りかけ、そこで孔子が詩を学ぶ大切さを説明するには「『詩経』は比喩表現が多いから、言葉が柔らかくなり、聞く人を感激させ奮い立たせることができるようになる。また物事を詳しく観察でき、世の中の様子を知ることができるので、物の見方、感じ方を知ることができる。また、人情を知ることができるから、人々と仲良く暮らすことができる。恨み事があっても怒りを露わに発して過ちを犯すというようなことがなくなる。そして、手近なところでは、家庭内において父母に仕える道を知り、社会に出ても上司に仕える道を知ることができるようになる。その上、多くの鳥獣や草木の名を知ることができ、博識の効果も得られる」と説いた〕

などとあります。次に「礼」については、

「礼に立つ」《泰伯第八》

〔礼は社会生活の規範であるから、身につけることによって、独り立ちして世に処していける〕

《季氏第十六》には、前述の陳亢、伯魚の問答が続いて、伯魚が父の孔子から、「礼」も学ぶようにと教えられた記述があります。

「他日又独り立てり。鯉趨《りはし》りて庭を過ぐ。曰く、礼を学びたるか。対えて曰く、未だし。礼を学ばざれば、以て立つこと無し。鯉退きて詩を学べり。斯の二者を聞けり。陳亢退きて喜びて曰く、一を問いて三を得たり。詩を聞き、礼を聞き、又君子の其の子を遠ざくるを聞くなり」

〔他日同じように、父が縁側で一人立っていたとき、私が小走りに中庭を通り過ぎようとしましたら、父は呼びとめて「礼を勉強したか」と尋ねられましたので「いいえ、まだです」と答えましたところ、父に「礼は社会的規範であるから、身につけることによって世に処していくことができから身につけなさい」と教えられましたので、引き下がって「礼の勉強をしました」と答えた。陳亢は伯魚の語った詩と礼の二つのことを聞いて、伯魚の前を引き下がり喜んで次のように言った。「先生のご子息（伯魚）に父上から何か特別な教えを受けたことがありますか、と一つのことを聞いたら、三つのことが分かった。それは、詩と礼の大切さと君子は自分の子だけを特別扱いしていない」ということであった〕

「礼」というのは、社会生活の規範です。ですから、

「礼と云い、礼と云うも、玉帛《ぎょくはく》を云わんや」《陽貨第十七》

〔礼だ、礼だ、とよく耳にするが、贈答する宝玉や反物をどうすればよいか、といったことだけが礼だろうか〕

「楽」については、

「楽に成る」《泰伯第八》

〔音楽は詩と礼を合わせたもので、自分の精神を表現できるものだ〕

『礼記』《楽記》に、

「楽は敬和す」
〔楽は交わりを親密にし、和やかにする〕
とあるように、その効能は、内にあっては、自分自身の心身を調和し、外にあっては、親密にし睦まじく、人と人、人と物の相互関係にあり、
「楽と云い楽と云う、鐘鼓《しょうこ》を云わんや」《陽貨第十七》
〔孔子は、楽、楽とよく言われるが、それは鐘鼓などの楽器の奏で方を言うのではない。礼や楽で重要なのは、形式より精神であると述べた〕
『春秋』について見てみますと、
「筆削《ひっさく》（春秋を為《つく》るに到りては、筆すべきは則ち筆し、削るべきは則ち削る）」『史記』《孔子世家第十七》
〔孔子は春秋を作ったときだけは、自ら加筆すべきは加筆し、削除すべきは削除した〕
「乱世を撥《おさ》め之を正しきに反らしむ」「善を善とし悪を悪とす」『史記』《太史公自序《たいしこうじじょ》》
〔乱世を治めて、これを正に返す〕〔春秋は善を善とし、悪を悪とする〕
「孔子、春秋を成して、乱臣・賊子《ぞくし》懼《おそ》る」『孟子』《滕文公章句下》
〔孔子は春秋を作り、筆のうえで大義名分を明らかにしたので、国を乱す臣下や親を害するような者はいなくなった〕
と述べられています。

これらのことから、孔子の教育目的は、品性の陶冶で、これは知識の伝授より重いと言えるのです。以上述べましたように、孔子が政治について主張したことは、「徳治」であり「民本」です。経済について主張したことは、「民を富ませる」にありました。また、教育および指導について主張したことは、「普及」であり「自発」でした。個人および社会面では、専心努力して学問に志し、品性の修養と倫理道徳の確立に重きを置いたのです。これらを総合して言いますと、孔子の学説、思想は、人道観念の最も標準となるものを表現したもので、これこそ中国文化の精髄をなしていると言えるのです。

（一九九七年「道徳教育国際会議」への寄稿をもとに、モラロジー研究所および第二十六回「台北孔子生誕祭参列研修旅行」などでの講演をまとめたもの）

【注】

一 **「子曰く、五十にして天命を知る」**《為政第二》

〔「五十歳になって、天から与えられた使命を自覚し、道徳的使命を果たすべく、奮闘するようになった」と孔子は語った〕

二 **「子曰く、命《めい》を知らざれば、以て君子為《た》ること無きなり」**《堯曰第二十》

〔「君子たるもの、使命の自覚が必要で、これを信じ努力を重ねなければ君子の資格がない」と孔子は語った〕

三 **「孔子曰く、君子に三畏《さんい》有り。天命を畏《おそ》れ、大人《たいじん》を畏れ、聖人の言を畏る。小人は天命を知らずして、畏れざ**

るなり。大人に狎《な》れ、聖人の言を侮《あなど》る」《季氏第十六》

〔「君子は三つのものに対して敬虔でなくてはならない。それは、絶対的存在とも言える天命の存在を意識し畏れ敬い、徳があって位についている大人を畏れ敬い、人格・徳行に優れ尊崇される聖人の言葉を畏れ敬わなければならない。しかし、小人は、天命を知らないから畏れ敬わず、大人に対しては馴れ馴れしくして畏れ敬うことをせず、聖人の言葉には軽蔑して侮っている」と孔子は語った〕

四　「子曰く、道の将に行われんとするや、命《めい》なり。道の将に廃《すた》れんとするや、命なり。公伯寮《こうはくりょう》、其れ命を如何せん」《憲問第十四》

〔魯国の重臣・季孫に仕える子路《しろ》は公伯寮（姓は公伯、名は寮。字は子周。魯の人）に告げ口をされた。孔子は「子路への疑いが晴れ、道が行われることも天の意志だ。反対に子路が疑われ、道が行われないのも天の意志だ」と語った〕

五　「子曰く、天、徳を予《われ》に生ぜり。桓魋《かんたい》其れ予を如何せん」《述而第七》

〔「私は天から天下を救済する使命とその使命を果たすべき徳を授かっている。私を殺そうとして大樹を引き倒すような乱暴者の桓魋（姓は向《しょう》、名は魋。桓魋、司馬《しば》桓魋とも言う）ごときが、私をどうしようというのか」と孔子は語った〕

六　「子《し》、匡《きょう》に畏《い》す。曰く、文王《ぶんおう》既に没したれども、文茲《ここ》に在らずや。天の将に斯《こ》の文を喪《ほろ》ぼさんとするや、後死の者、斯の文に与《あずか》るを得ざるなり。天の未《いま》だ斯の文を喪ぼさざるや、匡人其れ予を如何せん」《子罕第九》

〔孔子が匡の町で陽虎《ようこ》（魯国の重臣）と間違えられ危険な目に遭った。その折、孔子は「私が理想とする周の文王が亡くなられて久しい。文王が残された道徳文化は、この私の精神の中に生きている。天がこの道を滅ぼそうとしているのであれば、後の世の私にこの道に携わることもできないはずだ。天がこの道を滅ぼそうとし

ていないというのに、国の民がいったい私をどうすることができようか」と語った〕

七　**「子曰く、鳳鳥《ほうちょう》至らず、河《か》、図《と》を出《いだ》さず。吾已《や》んぬるかな」**《子罕第九》

〔「優れた天子が現れて、理想の政治が行われるようになったとき、天は祝福して鳳凰を遣わしたり、黄河から不思議な図面を背負った竜馬を出現させたりすると言われている。私の道が行われていないのか、今はこうした瑞兆も現れていない。私の努力は報われていないのかなあ」と孔子は落胆した〕

八　**「顔淵《がんえん》死す。子曰く、噫《ああ》、天予《われ》を喪《ほろ》ぼせり。天予を喪ぼせり」**《先進第十一》

〔孔子の最も信頼する愛弟子顔淵が亡くなった。孔子は「ああ、天は私を滅ぼしてしまった。天が私を滅ぼしてしまった」と激しく慟哭し悲しんだ〕

九　**「伯牛《はくぎゅう》、疾《やまい》有り。子之を問う。牖《まど》自《よ》り其の手を執りて曰く、之を亡ぼすは、命なるかな。斯《こ》の人にして、斯の疾有るや。斯の人にして、斯の疾有るや」**《雍也第六》

〔徳行に秀でた弟子の伯牛（孔門の十哲。姓は冉《ぜん》、名は耕、字は伯牛。魯の人。孔子より七歳若い）が若くして重い病気に罹った。孔子は見舞いに行って、窓越しに伯牛の手をとって「これが天命というものかなあ。これほど立派な弟子が、こんな病気に罹ってしまうとは。これほど立派な弟子が、こんな病気に罹ってしまうとは」と弟子の不幸を慰めた〕

十　**「子《し》の疾病《やまいへい》す。子路請祷《せいとう》す。子曰く、諸《これ》有りや。子路対《こた》えて曰く、之有り。誄《るい》に曰く、爾《なんじ》を上下《しょうか》の神祇《しんぎ》に祷《いの》る。子曰く、丘《きゅう》の祷ること久し」**《述而第七》

〔孔子が病気になったとき、子路が祈祷をしたいと申し出た。孔子は「そのような前例があるのか」と尋ねると、子路は「ございます。『誄』（故人の業績を述べて、その人の冥福を祈る）の中に、『汝を天地の神々に祈る』とございます」と答えた。すると、孔子は「私は日頃から神々に祈りを続けているから、今になって助け

を求めるために祈る必要はないよ」と諭した〕

十一　「子夏《しか》曰く、商《しょう》之を聞けり。死生命有り、富貴天に在り」《顔淵第十二》

〔弟子の司馬牛《しばぎゅう》（姓は司馬（子馬）、名は耕《こう》、字は子牛。宋の人）は「皆には兄弟がいるのに、私だけはいない」と言って、兄弟子の子夏に相談したところ「商（私）は先生からこのように伺っています。『人の生死も、富貴も天命によるもので、人の力では如何ともしがたい』」と言って慰めた〕

十二　「子曰く、我を知るもの莫《な》きかな。子貢《しこう》曰く、何為《なんす》れぞ其れ子《し》を知るもの莫《な》からんや。子曰く、天を怨み、人を尤《とが》めず。下学して上達す。我を知る者は其れ天か」《憲問第十四》

〔孔子は「私を知ってくれる人がいないなあ」とため息をついた。すると、子貢が「どうして先生が知られていないことがありましょうか。天下至るところ先生の令名は行き渡っております」と返答した。孔子は「今まで天のときを得られず、志の通りにいかず不遇であったが、とはいえ天を怨むことはせず、人をとがめる気持ちもない。私は身近なところから学んで、高遠なところまで到達するように心掛けてきた。そして、理想の世を求め続けた私のことを真に理解してくれるのは天であろうか」と振り返った〕

十三　「子曰く、予《われ》言うこと無からんと欲す。子貢曰く、子如《も》し言わずんば、則ち小子何をか述べん。子曰く、天何をか言わんや。四時行われ、百物《ひゃくぶつ》生ず。天何をか言わんや」《陽貨第十七》

〔孔子は「今後は何も言わずにいたい」と言った。これを聞いた子貢は「先生が何もおっしゃらなければ、私ども弟子は先生の言葉を祖述できなくて、いったい何を伝えればいいのでしょうか」と言った。これに対して孔子は「天は何も言わないではないか。しかし、四季は巡っているし、万物は生育している。これが万物の偉大な働きだ。天は無言のままで、何も指導することもないではないか」と諭した〕

孔子が重んじた道徳・知識・学問

一　孔子の道徳重視

本日は、孔子が道徳、知識ならびに学問を重視していたということについて、お話しいたします。

孔子以前の道徳

孔子の思想を見てみますと、孔子がとりわけ関心を払ったのは「道徳」ですが、これらは孔子がそれ以前の伝統を受け継いだものです。孔子が理想として仰いでいた周の建国（前一一〇〇年ごろ）がなった要因は、周の文王《ぶんおう》（周王朝の始祖武王の父。姓は姫《き》、名は昌）が有徳の人であったからです。このことについて、『詩経』には次のようにあります。

「厥《そ》の徳回《とくたが》わずして、以て方国《ほうこく》を受《さず》かる」『詩経』《大雅《たいが》・文王之什《ぶんおうのじゅう》・大明《だいめい》》

〔文王の徳は正しい道に一致していた。だから自分の領土として授かり、国はますます栄えていった〕

また同じく、

「文王の徳の純《おおい》なる」『詩経』《周頌《しゅうしょう》・清廟之什《せいびょうのじゅう》・維天之命《いてんしめい》》

〔文王の徳の輝かしさよ〕

とあり、「毛公鼎《もうこうてい》」（周代の作と推定される鼎《かなえ》に刻まれた銘文）には、

「不顕《ひけん》なる文・武、皇天弘《おお》いに厥《そ》の徳に猒《あ》き、我が有周を配とし、大命を膺《よう》受す」

〔大いなる徳を備えた文王・武王（周王朝の始祖。紀元前十一世紀ごろの人。姓は姫、名は発）は、天がその徳に満足し、我が周の国を割り当て、王位を引き受けさせた〕

などと、文王、武王の「徳」を讃える記述が見られます。

孔子以前の「仁」

孔子は道徳の総称を「仁」という言葉で言い表していました。「仁」の文字は『論語』の中に一〇五回出ています。もっとも、「仁」の観念は決して孔子に始まったわけではなく、すでに以下のような先秦時代（紀元前二二一年、秦の始皇帝が統一国家を築き上げる以前の時代）の文献に現れています。

麗澤大学名誉文学博士学位記授与式の後で。左から第79代裔孫・孔垂長氏、孔徳成氏夫人の孫琪方様、孔徳成氏、廣池幹堂理事長と同夫人、第78代裔孫・孔維益氏（故人）夫人の于日潔様、廣池英二郎顧問（平成13年〔2001〕6月5日）

「予《われ》仁若《ま》た考」『尚書《しょうしょ》』《周書《しゅうしょ》・金縢《きんとう》》
〔私は仁の徳があり孝を尽くしている〕（この「考」は「孝」の意味で使われていたと見られるように、周の初め（前一〇〇〇年前後）にはすでに「仁」の観念が芽生えていたということが分かります。

また、『詩経』では、

「洵《まこと》に美にして且つ仁なり」『詩経』《国風・鄭風《ていふう》・叔于田《しゅくうでん》》
〔まことに立派で心やさしい〕

「其の人美しく且《また》仁なり」『詩経』《国風・斉風《せいふう》・盧令《ろれい》》
〔その人は誠に立派で、かつ情け深い〕

『毛伝《もうでん》』（『詩経』の注釈書）では、

「仁、愛なり」『毛伝』
〔仁とは愛である〕

などと、「仁」の記述が見られます。また、『論語』《堯曰《ぎょうえつ》第二十》で、堯帝《ぎょうてい》（古代の聖王。舜と共に中国の理想的帝王とされる）が天子の位を舜帝《しゅんてい》に譲るという記述には、

「周《しゅう》親《しん》有りと雖《いえど》も、仁人《じんじん》に若《し》かず」

〈周王朝は人材に富んで善人が多くいたが、いかに親しい一族の者が周りにいたとしても、他人であっても、仁徳ある人には及ばない。善人の多いことが一番だ〉

とあります。

次に、『国語』（春秋時代の列国の出来事をまとめた歴史書）の中にも「仁」を述べた箇所が随所に出てきます。

「仁は文の愛なり」『国語』《周語《しゅうご》下》

〈仁は文徳の愛である〉

「仁は民を保んずる所以なり」《周語中》

〈仁は民を養う上での根本である〉

「仁を為すは、親を愛するを之仁と謂《い》う」《晋語《しんご》一》

〈仁を行うとは、親を愛することをいう〉

「国を為《おさ》むるは、国を利するを之仁と謂う」《晋語一》

〈国を治める者は、国を利することを仁という〉

「無道《むどう》を殺して有道《ゆうどう》を立つるは、仁なり」《晋語三》
〔人の道に背く無道を制して有道の人を立てるのは仁である〕
「慈愛を明らかにして以て之を仁に導く」《楚語《そご》上》
〔慈愛を明らかにして、仁へと導く〕
また、『春秋左氏伝《しゅんじゅうさしでん》』に、
「宋公《そうこう》疾《や》む。公《こう》、子魚《しぎょ》に命ず。子魚辞《じ》して曰く、能く国を以て譲るは、仁孰《いず》れか焉《これ》より大ならん。臣は及ばざるなり」『春秋左氏伝』《僖公《きこう》八年》
〔宋国の君主・宋公が病気になった。宋公は子魚（目夷、皇太子・茲父の異母兄）に国君に立つように命じたが、子魚は「国を譲り受けるということは、これよりまさる仁はありません。私にはとても及びません。それに庶子が立つのは順当ではありません」と言って辞退した〕
とあるように、「謙譲」も「仁」の項目の一つと言えます。同じく、
「臼季《きゅうき》曰く、臣之を聞く、門を出でては賓《ひん》の如くし、事を承《う》くること祭りの如くするは、仁の則なり」《僖公三十三年》
〔臼季が言うには「ひとたび門を出て世の人と交わった場合は、あたかも国家にとって大切なお客様と会うときのように、相手を敬う気持ちで接し、また人々に働いてもらう場合は、相手を軽んじることなく、あたかも国家の大切な祭祀で奉仕するときのように、慎み深く気配りするのが

仁の基本である」と私は聞いている」（「門を出でては賓の如くし、事を承くること祭りの如くす」は後述の《顔淵篇》にも同様の記述が見られる）

「范文子《はんぶんし》曰く、楚囚《そしゅう》は君子なり。言、先職を称するは、本《もと》に背《そむ》かざるなり。……本に背かざるは、仁なり」《成公九年》

〔范文子（晋国の政治家）が語るところでは、捕虜となっている楚国の鍾儀《しょうぎ》は立派な人物です。……祖先の職務のことを答え、出自を明らかにし先祖以来の職務に誇りを持っていました。……祖先の職務を守り、出自を大切にするのは仁と言えましょう〕

「無極《むきょく》曰く、奢《しゃ》の子材《ざい》あり。若《も》し呉《ご》に在らば、必ず楚国《そこく》を憂《うれ》えしめん。盍《なん》ぞ其の父を免《ゆる》すを以て之を召さざる。彼仁ならば、必ず来たらん」《昭公《しょうこう》二十年》

〔無極（楚国の臣。費無忌とも言う）が楚国の平王に讒言《ざんげん》して言うには「奢（伍奢）の子（伍尚《ごしょう》）は才能があります。もし呉の国に逃れるようなことになったら、きっと楚の国を悩ますことになるでしょう。伍尚にはもしお前が来れば父を許してやろう、と偽って呼び出してはいかがでしょうか。彼は親孝行で仁の心がありますから、きっと来るでしょう」〕

などとあります。

以上引用した先秦時代の文献を総合しますと、孔子以前の早くから、人々はすでに「仁」についての観念を持っていました。そして、それら内容は「礼譲」「恭しさ」「本を背かない」「孝」「親愛」

「慈愛」「民を守る」「国を利する」といった意味を含んでおりました。周代の布告や記録などを収めた『逸周書《いつしゅうしょ》』の中にも、「仁」の文字が二十五回前後見られますが、その意味するところは、おおよそ前に引用した先秦の文献と同様です。また、これらの意義もすべて『論語』の中に見られる孔子の「仁」に対する見解と同じなのです。もっとも、孔子は「仁」の範囲を更に拡大し、具体的な理論を付け加えています。

孔子の「仁」についての観念

さて、孔子の「仁」についての考え方ですが、「仁」と言うのは、単にいろいろな道徳行為の中の一つということでなく、人々が行動する上での標準となるものの総称であると言うことができます。

そこで、『論語』に見られる「仁」に関する記述を見てみますと、

「仁に里《お》るを美と為す。択《えら》びて仁に処《お》らずんば、焉《いず》くんぞ知たるを得ん」『論語』《里仁《りじん》第四》

〔自分が仁の徳に富んだ場所に居るか居ないか、その選択は自分の自由であるが、自らそういう場に身を置かないとすれば、それは真に知識があるものとは言えない〕

「不仁者は以て久しく約に処《お》るべからず。以て長く楽に処るべからず。仁者は仁に安んじ、知者は仁を利す」《里仁第四》

〔仁の徳を持たない人は長い逆境の生活に我慢ができないもので、しばらくは我慢するがつい悪

事を働いてしまう。かといって幸福な生活にも長い間楽しむことができず、間違いを起こしてしまう。仁徳ある人は仁を自分の安住と考え、知性に富む人は仁徳の良さを知っているから、仁を得ようと心がけている〕

「唯《た》だ仁者のみ能《よ》く人を好み、能く人を悪《にく》む」《里仁第四》

〔ひとり仁徳の人だけが公平無私の心だから、本当に人を愛することができるし、愛情があるからこそ憎むべき人を憎むことができる〕

「苟《いやし》くも仁に志せば、悪《あ》しきこと無し」《里仁第四》

〔本当に仁にさえ志していれば、悪の芽生える心配はない〕

「富と貴《たっとき》とは、是《こ》れ人の欲する所なり。其の道を以て之を得ざれば、処《お》らざるなり。貧と賤《せん》とは、是れ人の悪《にく》む所なり。其の道を以て之を得ざれば、去らざるなり。君子は仁を去りて、悪《いづ》くにか名を成さん。君子は終食《しゅうしょく》の間も仁に違《たが》うこと無し。造次《ぞうじ》にも必ず是《ここ》に於いてし、顚沛《てんぱい》にも必ず是に於いてす」《里仁第四》

〔財産や高い地位は、だれもが欲しいものである。しかし、正しいやり方をしないで、金持ちや高い地位になったとしても、正しい方法によって得たものでなければ、その身分に留まろうとはしない。貧乏や低い地位とは、だれもが嫌がるものである。しかし、たとえ真面目にやってきたとしても、貧乏になることもあるが、それを恥としないで、そこから抜けようとしない。君子の目標は仁であるのに、君子から仁を取ってしまったのでは、君子ではなくなる。だから立派な君子は食事をとるわずかな時間も、慌ただしいときも必ず仁に基づいて行動し、つまずき倒れるような危険なときでさえも、必ず仁に基づいて行動する〕

「我未《いま》だ仁を好む者、不仁を悪《にく》む者を見ず。仁を好む者は、以て之に尚《くわ》うること無し。不仁を悪む者は、其れ仁を為さん。不仁者をして其の身に加えしめず。能く一日も其の力を仁に用うること有らんか、我未だ力の足らざる者を見ず。蓋《けだ》し之有らん。我未だ之を見ざるなり」《里仁第四》

〔私はまだ本当に仁を好む人間、本当に不仁を悪む人間に会ったことがない。仁を好む者は、徳の最上であるからこれ以上はない。不仁を悪む者は、将来は仁の道を実践するかもしれない。それは、不仁を悪むから不仁の者から自分の身の上に悪い影響が及ぶことがないようにするからである。しかし、不仁を悪む者すら見かけないのは残念だ。ただ、一日だけでも志を立て、仁の行為に努力しようという人間が、自分の力が足りないから実行できないというのは理解できない。仁の行為は誰でもできるのに力が不足しているというのは、自らが為そうとしていないのだ。もっとも、そんな人間がいたとしても、私はまだ会ったことがない〕

「人の過ちは、各《おのおの》其の党に於いてす。過ちを観ては斯《ここ》に仁を知る」《里仁第四》

〔人の過ちは、その人の境遇や取り巻く環境によって左右されるものである。だから人の過ちをよくよく見れば仁の程度が分かるものだ〕

「未だ知らず。焉《いず》くんぞ仁たるを得ん」《公冶長《こうやちょう》第五》

〔斉《せい》国の重臣であった陳文子《ちんぶんし》は同じく重臣の要職にある者が、反逆を企てたため、彼はそれを嫌って何度か国を去るようなことがあった。弟子の子張《しちょう》が孔子に「陳文子はどんな人物でしょうか」と尋ねたところ、孔子が「清廉潔白だ」と答えたので、子張は「それは仁でしょうか」と再度尋ねると、孔子は「陳文子のことはよく承知していないが、清廉潔白なだけでは仁とは言えないだろう」と答えた〕

「夫れ仁者は己《おのれ》立たんと欲して人を立て、己達せんと欲して人を達す。能《よ》く近く譬《たと》えを取る、仁の方《ほう》と謂《い》うべきのみ」《雍也《ようや》第六》

〔「そもそも、仁者は自分が何か樹立したいと願うときには、まず他人に樹立させる。自分が何かに到達したいと願うときには、他人に到達してもらいたいと願うものだ。すなわち、手近なところから善意を人に及ぼす、こうした心がけこそが仁の道と言える」〕

などと仁について述べられています。

弟子との対話

次に、多くの弟子たちが「仁」について孔子に質問しています。

「樊遅《はんち》仁を問う。子曰く、人を愛す」《顔淵《がんえん》第十二》

〔弟子の樊遅が「仁とは何でしょうか」と孔子に質問した。孔子は「人を愛することだ」と答えた〕

とあります。また同じく、

「顔淵仁を問う。子曰く、己《おのれ》に克《か》ちて礼に復《かえ》るを仁と為す。一日《いちじつ》己に克ちて礼に復らば、天下仁に帰せん。仁を為すは己に由《よ》る。而して人に由らんや」《顔淵第十二》

〔弟子の顔淵が仁について孔子に質問した。孔子は「自分の欲望に打ち克って、いかなる場合でも、礼という社会的規範に基づいた行動をとることが仁である。もし、たった一日だけでも、この『克己復礼《こっきふくれい》』いうことを実践できれば、天下の人々も皆仁になっていくだろう。すなわち礼が実践できるようになることは、結局自分の力によってのみ可能となるのであって、他人の力に頼ってできるものではない」と答えた〕

とあります。更に、これを実行する細目を教えてください、と顔淵が尋ねています。

「顔淵曰く、其の目《もく》を請い問う。子曰く、礼に非ざれば視ること勿《なか》れ、礼に非ざれば聴くこと勿れ、礼に非ざれば言うこと勿れ、礼に非ざれば動くこと勿れ。顔淵曰く、回《かい》不敏なりと雖も、請う斯の語を事とせん」《顔淵第十二》

〔孔子は「礼の法則に外れたことは見てはいけない。礼の法則に外れたことは聞いてはいけない。礼の法則に外れたことは言ってはいけない。礼の法則に外れたことは行ってはいけない。すべて礼に照らして行動しなさい」と教え導いた。顔淵は「回〔顔淵の名〕は至らないものですが、一生かけて実行していきたいと思います」と誓いを述べた〕

また、

「能く礼譲《れいじょう》を以て国を為《おさ》めんか、何か有らん。能く礼譲を以て国を為めずんば、礼を如何せん」《里仁第四》

〔礼儀正しく人に譲るという礼の根本をわきまえて国を治めたならば、なんの困難もなく成功するであろう。反対に、譲り合うという精神で国が治められなければ、形の上で礼という社会上の規範が整っていても、何の役にも立たないものだ〕

「仲弓《ちゅうきゅう》仁を問う、子曰く、門を出《い》でては大賓《たいひん》を見るが如くし、民を使うには大祭《たいさい》を承《う》くるが如くす。己《おのれ》の欲せざる所、人に施《ほどこ》すこと勿《なか》れ」《顔淵第十二》

〔弟子の仲弓が「仁とは何でしょうか」と質問したところ、孔子は「ひとたび門を出て世の人と交わったからには、あたかも国家にとって大切なお客様と会うときのように、相手を敬う気持ちで接し、また人々を使って働いてもらう場合は、相手を軽んじることなく、あたかも国家の大切な祭祀で奉仕するときのように、慎み深く気配りしなければならない。仁とは思いやりであるから、自分がして欲しくないようなことを、他人にしてはならない」と教えた〕

「子貢問いて曰く、一言《いちげん》にして以て身を終うるまで之を行うべき者有りや。子曰く、其れ恕《じょ》か。

己の欲せざる所、人に施すこと勿れ」《衛霊公《えいれいこう》第十五》
〔子貢が「一言でしかも一生涯守っていくべき名言があるでしょうか」と質問した。これに対して孔子は「それは恕（思いやり）であろうか。この思いやりというのは、自分がして欲しくないようなことを、他人にしてはならないことだ」と答えた〕
などと述べられています。なお、「仁」について弟子との対話が続きます。
「剛毅朴訥《ごうきぼくとつ》は、仁に近し」《子路《しろ》第十三》
〔強い意志で決断力があり、素朴で口べたということは、そのことが「仁」そのものとは言えないが、仁に近いものである〕
また同じく、
「樊遅仁を問う。子曰く、居る処《おところ》に恭《きょう》、事を執《と》りて敬《けい》、人と忠ならん」《子路第十三》
〔樊遅が「仁とは何でしょうか」と質問したところ、孔子は「日常生活の中でも、恭しく身を慎むことを忘れないように心掛けなさい。どんな仕事のときでも、心を集中して謹み深く、尊敬の心を忘れないで働きなさい。また、どんな人に対しても誠実な心で接しなさい。この『恭』『敬』『忠』の三つの心をどんなところへ行こうとも捨て去ってはいけない」と教え諭した〕
「臣は君に事うるに忠を以てす」《八佾《はちいつ》第三》
〔臣下が主君に仕えるときは真心でもって仕えなければならない〕

とあります。「臣下が主君に仕える」ことも、また「人との交わり」ですから、仁の一端と言えます。

「仁者は必ず勇有り」《憲問《けんもん》第十四》

〔仁の徳のある人は必ず勇気がある〕

とあります。また、

「恭《きょう》・寛《かん》・信《しん》・敏《びん》・恵《けい》、能く五の者を天下に行うを仁と為す」《陽貨《ようか》第十七》

〔恭（慎みがあること）・寛（寛大であること）・信（言葉に偽りがないこと）・敏（物事の処理に敏速であること）・恵（恵み深いこと）など五つの徳をあらゆるところで立派に実行していくことが仁である〕

とあります。

宰我《さいが》という弟子が、「両親の服喪を三年間もするには及ばない」と主張したことについて、孔子は「宰我には父母に対する哀惜の念がない、父母に愛情も抱いていていない。愛情がないということは、それこそ不孝者だ」と言って相手にしませんでした。そして、

「予《よ》の不仁なるや」《陽貨第十七》

〔予（宰我の名）は全く不仁な男だなあ〕

と言って、嘆息しました。

「子夏《しか》曰く、博《ひろ》く学びて篤く志し、切《せつ》に問いて近く思う、仁其の中に在り」《子張《しちょう》第十九》

〔弟子の子夏が言うには、「学問をするには、まず広く学ばなくてはならない。そして志を強く

持ち、学んでも分からないところは納得いくまで追究し、また、身近な実際問題から適切に問いただす努力が必要だ。この『博学《はくがく》・篤志《とくし》・切問《せつもん》・近思《きんし》』で学問をやっていけば、そこから仁を体得する道が開ける」〕

とあります。これは弟子の子夏が語ったものですが、孔子の述べている仁の見方に合致しています。

政治への心得

次に、政治を行う上での心得として、

「管仲《かんちゅう》桓公《かんこう》を相《たす》けて、諸侯に覇《は》たらしめ、天下を一たび匡《ただ》して、民今に至るまで、其の賜《たまもの》を受く。管仲微《なか》りせば、吾其れ被髪左衽《ひはつさじん》せん」《憲問第十四》

〔〈子貢は管仲の政治的姿勢に疑問を抱き、孔子に「管仲は仁者とは言えないのではないでしょうか」と質問しました〉。弟子の質問に対して孔子は「管仲は桓公の宰相として桓公を補佐し、諸侯の覇者として天下を統一させるという功績をあげた。それによって人々は、今日に至るまでその管仲の恩恵を受けている。もし管仲がいなかったら、中国は他民族に征服され、髪はざんばらで、着物は左前に着るような異民族の風俗にされていただろう」と答えた〕

とあり、管仲の力により天下の安定が得られ、中国の良き文化が失墜することなく守られたわけですから、孔子は管仲を、

「其の仁に如《し》かんや。其の仁に如かんや」《憲問第十四》

〔管仲の仁に及ぶものがない。誰がその仁に及ぼうか〕

と管仲の行為を称賛したのです。また、『春秋左氏伝』《襄公三十一年《じょうこう》》には、

「鄭人《ていひと》、郷校《きょうこう》に遊び、以て執政を論ず。然明《ぜんめい》、子産《しさん》に謂いて曰く、郷校を毀《こぼ》たば何如《いかん》。子産曰く、何ぞ為さん。夫人《ひとびと》朝夕《ちょうせき》して退きて遊び、以て執政の善否を議す。其の善しとする所の者は、吾則ち之を行い、其の悪しとする所のものは、吾則ち之を改めん。是れ吾が師なり。之を若何《いかん》ぞ之を毀たん。……仲尼《ちゅうじ》是《こ》の語を聞くや曰く、是を以て之を観るに、人、子産を不仁と謂うも、吾は信ぜざるなり」

〔鄭の人がよく里の学校に集まって大臣の政治手腕を論じあっていた。あるとき、鄭国の重臣・然明が同じく重臣の子産に「この学校を止めにしたらどうでしょうか。政治への批判もなくなります」という話題に及んだ。子産は「どうして止めにできようか。人々が朝晩勤めに出て、仕事が終わってから遊びに集まり、そして大臣の善し悪しを論じ合っている。みんなが良いということを私が行い、嫌がることはやり直す。いわばこうした評価こそが私の師である。どうして止められましょうか。……仲尼（孔子の字）は子産の意見を聞いて言うには「これで分かるだろう。誰かがいくら子産を不仁の人だと言う者があっても、私は決して信じることはない」と強く語った〕

とあります。また同じく『春秋左氏伝』《文公《ぶんこう》二年》には、

「仲尼曰く、臧文仲《ぞうぶんちゅう》、其の不仁なるもの三、展禽《てんきん》を下し、六関を置き、妾《しょう》、蒲《ほ》を織るは三の不仁なり」

〔仲尼〔孔子〕が言われた「魯国の重臣・臧文仲の仕置きに、不仁な行いが三つあった。魯国の重臣・展禽を推挙しなかったこと。六つの関所を置き重税を課したこと、召使いの女子供にむしろを織らせ、民と利益を争ったことが三つの不仁である」〕

とあるように、臧文仲は、賢人を用いることができず、徒に税を取り立て、そのうえ民との間に争いがあったので、これらを孔子は仁の道に背く行為だとしました。

「直」の道徳行為

孔子は「直」の道徳行為を称賛し、

「人の生けるや直《なお》ければなり」《雍也第六》

〔人がこの世に生きていけるのは、すなおに道を歩んでいるからである〕

と述べています。いわゆる「直」というのは、内に向かっては自らを欺く心がなく、外に向かっては他人を欺く行いがないということです。つまり、正しく曲がったことをしないということですから、孔子は正直一途の衛《えい》国の重臣・史魚《しぎょ》という人を賛美しています。《衛霊公第十五》に、

「直《ちょく》なるかな史魚。邦《くに》に道あるときも矢の如く、邦に道無きときも矢の如し」

〔孔子は衛国の重臣・史魚を評して「史魚は本当にまっすぐで、正直一途の人物である。国家に道が行われ治まっているときも、矢のようにまっすぐであるし、国家に道が行われず乱れているときも、矢のように一筋に生きている」〕

とあり、周囲の環境に左右されない史魚の一途さが述べられています。

二　孔子が重視した知識・学問

学問の重視

以上述べました通り、孔子は道徳を重視していたということが分かります。そもそも「道徳」というのは知り得た者こそが実行できるということですから、それを知るためには知識が必要なわけです。そして、この知識はどこから得られるかというと、学問にあるのです。つまり、孔子は知識を重んじたわけですから、学問に対しても特に重視していたことになります。

「吾嘗《かつ》て終日食《くら》わず、終夜寝《しゅうやい》ねず、以て思う。益《えき》なし。学ぶに如《し》かざるなり」《衛霊公第十五》

〔私はかつて一日中食事もとらず、一晩中一眠りもせずに、ひたすら思索にふけったことがある。

しかし、その結果は何も得るところがなかった。やはり先人の教えを手本にして学び、本当の知識を得ることが一番である〕
と学びについて自身の経験を振り返っています。

「我は生まれながらにして之を知る者にあらず。古《いにしえ》を好み、敏《びん》にして以て之を求めたる者なり」《述而《じゅつじ》第七》

〔私は決して生まれながらにして物の道理を知っていた者ではない。ただ、歴史上の先賢から学ぶことが好きで、その中から素早く教えを探り出そうとしているだけである〕

と、孔子の学問に励む様子が述べられています。さらに、自身を謙遜して、

「聖《せい》と仁との若《ごと》きは、則ち吾豈《あに》敢えてせんや、抑《そもそも》之を為《まな》んで厭《いと》わず、人を誨《おし》えて倦《う》まざるは、則ち云爾《しかい》うと謂うべきのみ」《述而第七》

〔ある人は私を聖人とか仁者とか言うが、私など到底及ぶものではない。ただ、私はひたすら道を学んで飽きることがなく、人に教える場合も、どうすれば相手が良く分かるように教えられるか、工夫を重ねていやになることがない。ただそれだけの人物だ、と孔子は語った〕

また、

「三人行くときは、必ず我が師有り。其の善なる者を択《えら》びて之に従い、其の善からざる者は之を改む」《述而第七》

〔三人の人が同じ道を歩んでいれば、そこには必ず自分の師となる人がいる。その師となるような立派な人を選んで見習うようにする。また、よくないと思う人には、人の振り見てわが身を直せばよく、その中から師は求められる〕

同じく、

「子斉《しせい》に在り。韶《しょう》を聞くこと三月《さんげつ》。肉の味を知らず。曰く、図らざりき、楽を為すの斯《ここ》に至らんとは」《述而第七》

〔孔子が斉の国に滞在したとき、古代の管弦楽「韶」の音楽を学んだことがある。その三か月間、熱心に探究しようとするあまり、肉を食べてもその味が分からないほど心酔した。そして、音楽による感動がこれほど深いものとは思わなかった、と回想した〕

とあります。

以上のような記述から、実に孔子の知識を求める姿勢と学問好きであった様子が読み取れます。

学問研究への姿勢

次に、学問を研究する態度という点では、

「之を知るを之を知ると為し、知らざるを知らずと為す。是れ知るなり」《為政第二》

〈〈孔子は弟子の子路《しろ》に「知る」とはどういうことかをはっきり教えよう、と次のように語った〉。

自分の知っていることは知っているとし、知らないことは、知らないと、心の中ではっきりと区別をする。これが本当に「知る」ということだ」

と説いています。また、孔子の研究態度を物語るものとして、

「夏《か》の礼は吾能く之を言うも、杞徵《きちょう》するに足らざるなり。殷《いん》の礼は吾能く之を言うも、宋《そう》徵するに足らざるなり。文献足らざるが故なり。足らば則ち吾能く之を徵せん」《八佾第三》

〔私は夏王朝（伝説的な中国最古の王朝）の礼制の話をよくするが、しかし、夏王朝の子孫が住む杞の国に行っても、私の推論を証明するに足るものは残っていない。また、殷王朝（古代王朝。湯王が夏王朝を倒して建てたと言われる）の礼制について話はするが、殷王朝の子孫が住む宋の国に行っても実証できるものは何も残っていない。これは証明するに足る記録と過去の伝統を伝えた賢人がいなかったからであって、私の言葉に誤りがあるわけではない。もし記録的にも人的にも資料が十分にあるならば、自分の説を証明することができよう〕

とあり、今日の立場からしましても、このような孔子の研究態度は、実証可能な材料を基に事実によって証明するという、実に科学に合致した学問研究の姿勢だと思います。

教育の普及

孔子は「知識」を得るということはたいへん重要なものであると認識していましたが、それは自分

自身が奮闘努力して学ぶということだけでなく、更に教育を推し広め、あらゆる社会に普及させるということでした。孔子は、あらゆる階層の人たちに教育を受けさせるということを実現させた創始者であると言えます。ですから、

「教え有りて類《るい》無し」《衛霊公第十五》

〔人間すべて平等であり、結果は教育を受ける人の姿勢がどうであるかであって、人間の種類によって左右されるものではない〕

とあります。ですから、このような孔子の教育姿勢による成果については、

「弟子蓋《けだ》し三千、身《み》、六芸《りくげい》に通ずる者、七十有二人《ゆうににん》あり」『史記』《孔子世家《こうしせいか》第十七》

〔弟子の数は三千人にもなり、そのうち六芸と言われる学芸（礼、楽、射=弓術、御=馬術、書=読み書き、数=算数）に秀でた者は七十二人であった〕

と記されています。

教育の重点

次に、孔子の教育の重点は、

「子は四《し》を以て教う。文・行・忠・信」《述而第七》

〔孔子は常に文（文献・学問）、行（行動・実践）、忠（誠実）、信（信義）、この四つを門人教育の重

点としていた〕

とあり、教育は読書だけでは十分ではないのです。また、四つの分野で秀でた弟子をあげてみますと、

「我に陳・蔡に従える者は、皆門に及ばざるなり。徳行《とくこう》には顔淵・閔子騫《びんしけん》・冉伯牛《ぜんはくぎゅう》・仲弓。言語には宰我・子貢。政事《せいじ》には冉有《ぜんゆう》・季路《きろ》。文学には子游《しゆう》・子夏」《先進《せんしん》第十一》

〔（孔子が六十四歳、諸国遍歴の途中、陳と蔡の間で危難に遭ったことがある）その際、「苦労を共にした弟子たちも、今では誰も門下にいないなあ。道徳的な実践ができる者としては、顔淵・閔子騫（孔門の十哲。姓は閔、名は損、字は子騫。魯の人。顔淵・冉伯牛と並んで「小聖人」と讃えられる。孔子より十五歳若い）・冉伯牛・仲弓。弁舌が巧みな者は宰我・子貢。政治家として能力がある者は冉有・季路。古典の学問（詩・書・礼・楽）に通じている者は、子游（孔門の十哲。姓は言、名は偃《えん》、子游は字。呉の人、また衛の人。孔子より四十五歳若い）・子夏が挙げられる〕

と孔子が陳・蔡の厄《やく》で困難を共にした門人十名（「孔門の十哲」）を回顧しています。

孔子が用いた教材

孔子が用いた教材は、伝統的な古典でした。

「子《し》の雅言《がげん》する所は、詩、書。執礼《しつれい》は皆《みな》雅言するなり」《述而第七》

〔孔子が常に教えるのは、詩経、書経であった。そして、「礼」のことも常に口にしていた。ま

た、孔子は詩の朗読、読書および儀式進行のときは、すべて当時の正しい発音でよんでいた〕

また、

「詩に興り、礼に立ち、楽に成る」《泰伯《たいはく》第八》

〔人は詩を学ぶことで、人情の自然から発した感動を覚える。礼を学ぶことによって行動するための社会的規範を知ることができる。音楽を学ぶことで情操を豊かにし、立派な人格に育ててくれる〕

「博《ひろ》く文を学び、之を約するに礼を以てすれば、亦た以て畔《そむ》かざる矣夫《かな》」《顔淵第十二》

〔人格完成のためには、古代の書物について幅広く研究学習し、礼という社会的規範を規準として行動を正せば、道に背くことはない〕

「詩を学ばざれば、以て言うこと無し。……礼を学ばざれば、以て立つこと無し」《季氏《きし》第十六》

〔陳亢《ちんこう》という弟子が、孔子の息子である伯魚《はくぎょ》（孔子の一人息子。姓は孔、名は鯉。伯魚は字。孔子に先立って五十歳で亡くなる）に「父上からどんな教えを受けていらっしゃいますか」と尋ねたところ、伯魚は「詩を学ばなければ、世間に出て人と十分に言葉を交わすこともできないぞ、と教えられました」という答えが返ってきた。また、「礼という社会的規範を学んでおかなければ、世に処していけないぞ、と教えられた」と父の教育を語った〕

と「詩」「礼」を学ぶ重要性が述べられています。

また「楽」についても、

「吾衛《えい》より魯に反《かえ》りて、然る後に楽正《がく》しく、雅頌《がしょう》各其の所を得たり」《子罕《しかん》第九》

〔私は衛の国から魯の国に戻って以来、努力の甲斐があって、乱れていた音楽が正しい調子になり、朝廷の舞楽である「雅《が》」と宗廟《そうびょう》の舞楽である「頌《しょう》」とが正しく整理された〕

とあります。教材の「詩」「礼」「学」について、更に説明しますと、「詩」は、

「詩は以て興す可《べ》く、以て観る可く、以て羣《ぐん》す可く、以て怨《うら》む可し。之を邇《ちか》くしては父に事え、之を遠くしては君に事う。多く鳥獣草木の名を識《し》る」《陽貨第十七》

〔孔子が詩を学ぶ大切さを説明するには、『詩経』は比喩表現が多いから、言葉が柔らかくなり、聞く人を感激させ奮い立たせることができるようになる。また、物事を詳しく観察でき、世の中の様子を知ることができるので、物の見方、感じ方を知ることができる。人情を知ることができるから、人々と仲良く暮らすことができる。恨み事があっても怒りを露わに発して過ちを犯すというようなことがなくなる。そして、手近なところでは、家庭内において父母に仕える道を知り、社会に出ても上司に仕える道を知ることができるようになる。その上、多くの鳥獣や草木の名を知ることができ、博識の効果も得られる」と説いた〕

とあり、孔子は教材の基本的な精神を重要視しています。「礼」や「楽」について、

「礼と云《い》い、礼と云うも、玉帛《ぎょくはく》を云わんや。楽と云い、楽と云うも、鐘鼓《しょうこ》を云わんや」《陽貨

第十七》
〔礼だ、礼だ、とよく耳にするが、贈答する宝玉や反物をどうすればよいか、といったことだけが礼だろうか。礼の根本は心の敬いにあるから、その心を忘れてはならない。楽だ、楽だ、とよく話をするが、それは鐘や太鼓など楽器の奏で方を言っているのではない。楽の根本は心を和らげることであるから、心の和らぎが大切なのである〕

とあります。ここで言う「礼」とは、ただ単に相手と礼を交わすという動作ではありません。楽というのは、鐘や太鼓を打ち鳴らすというものでもありません。すなわち、礼の重要性は人々の社会生活の規範として、政治における法令や制度として、社会秩序のためにあるのです。形だけの礼は本当の礼とは言えません。

孔子が顔淵に仁の道理を説いたときの説明でも触れたように、

「礼に非ざれば視ること勿れ、礼に非ざれば聴くこと勿れ、礼に非ざれば言うこと勿れ、礼に非ざれば動くこと勿れ」《顔淵第十二》
〔礼の法則に外れたことは見てはいけない。礼の法則に外れたことは聞いてはいけない。礼の法則に外れたことは言ってはいけない。礼の法則に外れたことは行ってはいけない。すべての行動を礼に合わせなさい、と教え諭した〕

とありますように、礼は個人の社会生活における規範です。

さらに、社会や政治について触れてみますと、

「之を道《みちび》くに徳を以てし、之を斉《ととの》うるに礼を以てせば、恥有りて且つ格《いた》る」《為政第二》

〔民を導いていくのに、道徳で導いて、礼という社会的規範で統制しようとした場合は、悪事を働いても恥ずかしいと感じるようになり、正しい道に進んでいくであろう〕

とあり、また、上下関係についても、

「君君たり、臣臣たり。父父たり、子子たり」《顔淵第十二》

〔〈大国であった斉の景公が、自国の内政が危機に瀕していたので、政治のポイントを孔子に尋ねた〉。孔子は「君主の地位に立つ人は、君主らしく振る舞うべきで、臣下は臣下らしく、父は父らしく、子は子らしく、その名にふさわしい道徳性を持つことが必要です」と答えた〕

とあります。

孔子の指導法

孔子の教え方というのは、

「抑《そもそも》之を為《まな》んで厭《いと》わず、人を誨《おし》えて倦《う》まざるは、則ち云爾《しかい》うと謂《い》うべきのみ」《述而第七》

〔「私は何事をするに当たっても、道を学んで怠らず、人によく分かるように教えて飽きることがない。ただそれだけの人物だ」と孔子は語った〕

と述べられているところから、孔子の教育姿勢が窺えます。また、教育の効果を考え、その時々その人その人に適した教育をすることと個性を生かした教育に重きを置きました。

弟子たちの性格を次のように分析しています。

「柴《さい》や愚《ぐ》なり。参《しん》や魯《ろ》なり。師や辟《へき》なり。由《ゆう》や喭《がん》なり。子曰く、回や其れ庶《ちか》からんか。屡空《しばしばむな》し。賜《し》は命を受けずして貨殖《かしょく》す。億《はか》れば則ち屡中《あ》たる」《先進第十一》

〔柴（高柴《こうさい》。姓は高、名は柴、字は子羔《しこう》〈子高、子皐《しこう》ともいう〉。衛の人。また斉の人、鄭の人。孔子より三十歳または四十歳若い）は愚直で融通がきかない。参（曽参《そうしん》。敬称をつけて曽子と呼ばれる。姓は曽、名は参、字は子輿《しよ》。魯の人。孔子より四十六歳若い。孔子の孫・子思《しし》を教育した）は魯鈍《ろどん》で飲み込みが悪い。師（子張《しちょう》の名）は片寄って誇張しすぎる。由（子路の名）は行儀悪く無作法である。また回（顔淵の名）は理想に近いだろうが、常に貧乏をしているものの道を楽しんでいる。賜（子貢の名）は勝手に金もうけをしたが、道理に適っているので正しい富である」と孔子は評した〕

「子貢問う、師と商《しょう》とは孰《いず》れか賢《まさ》れる。子曰く、師や過ぎたり。商や及ばず。曰く、然らば則ち師は愈《まさ》れるか。子曰く、過ぎたるは猶《なお》及ばざるがごとし」《先進第十一》

〔弟子の子貢が「師（子張の名）と商（子夏《しか》の名）とはどちらがまさっているでしょうか」と尋ねたところ、孔子は「子張はすべての行動が過度で行き過ぎている。子夏は全てに控え目で足りないところがある」という答えだったので、子貢が更に「それでは子張のほうが優れているのでしょうか」と尋ねると、孔子は「行き過ぎることも及ばないことも同じことで、言葉や行動には中庸が大切である」という答えであった」

とあります。まさに弟子に対するきめ細かな観察があったからこそ、個別の指導ができたのです。

また、次のような話があります。

「子路問う、聞くがままに斯《こ》れ諸《これ》を行わんか。子曰く、父兄の在《いま》すこと有り、之を如何《いかん》ぞ、其れ聞くがままに斯れ諸を行わんか。冉有《ぜんゆう》問う、聞くがままに斯れ諸を行わんか。子曰く、聞くがままに斯れ之を行え。公西《こうせい》華《か》曰く、由《ゆう》や問う、聞くがままに斯れ諸を行わんか。子曰く、父兄の在す有り。求《きゅう》や問う、聞くがままに斯れ諸を行わんか。子曰く、聞くがままに斯れ之を行え。赤《せき》や惑《まど》う。敢えて問う。子曰く、求や退く。故《ゆえ》に之を進む。由や人を兼《か》ぬ。故に之を退く」《先進第十一》

〔弟子の子路が「聞いたことを、それをすぐに実行してもよろしいでしょうか」と孔子に質問した。孔子は「正しいことでも、父や兄が健在である以上、そのまますぐに実行せずに、父や兄の意見を聞いてから実行しなさい」と。次に、冉有が同じように「聞いたことをそのまますぐに実行してもよろしいでしょうか」と質問した。孔子は「正しいことを耳にすれば、そのまますぐに実行しなさい」という答えであった。公西華が尋ねた。「由（子路）が、聞いたことをそのまますぐに実行してもよろしいでしょうか」と質問した折、先生は「父や兄の意見を聞いてから実行しなさい」とお答えになりました。しかし、求（冉有の名）が同じようにお尋ねした折、先生は「聞いたことをそのまますぐに実行しなさい」とお答えになりました。私（赤・公西華）はどちらを信じたら良いのか迷ってしまいました。「二人への答えが違った理由を教えてください」と尋ねた。孔子は「求（冉有）は引っ込み思案で消極的なので、そこですぐに実行することを勧めた。それに反して、由（子路）は出しゃばりで積極的だから、それで父や兄の意見を聞いてよく考えるようにとさせたのだよ」と解説した〕

このように、弟子の個性とそれぞれが持っていた抱負に基づいて、一人ひとりに指導を施していく一方、適切に弟子たちの心の奥深くに入り、彼らの欠陥を見抜き、努力を必要とすることがあれば、その方向づけをしてやったのです。

また、次のような孔子と子路との問答があります。

「子路曰く、子《し》三軍を行《や》らば、則ち誰と与《とも》にせん。子曰く、暴虎《ぼうこ》馮河《ひょうが》して、死して悔《く》ゆること無き者は、吾は与にせざるなり。必ずや事に臨みて懼《おそ》れ、謀《はかりごと》を好みて成さん者なり」《述而第七》

〔子路が「先生がもし国軍の総司令官となって大軍を動かされるときには、どんな人を仲間とされますか」と質問した。孔子はこれに答えて「虎に素手で立ち向かったり、黄河を歩いて渡ろうとしたり、死んでも後悔しないような者とは行動を共にしない。軍事行動に臨んで、慎重に対処

の方法を考え、よく計画を練りあげ、それを遂行するような思慮深い人と行動を共にしたい」とたしなめた〕

これは子路が勇気はあっても無謀な行動をするので、婉曲に戒め正したのです。また子貢が、次のように言っています。

「子貢曰く、我人の諸《これ》を我に加うることを欲せざるを、吾も亦た諸を人に加うること無からんと欲す。子曰く、賜や、爾《なんじ》が及ぶ所に非ざるなり」《公冶長第五》

〔子貢は「私は人からされるといやだと思う事を、私もまた同じように他人にしないようにと心がけております」と思いやりの精神を述べた。これに対して、孔子は「賜（子貢の名）よ、それはお前にはまだできそうにもないことだよ」と言って聞かせた〕

これは、子貢に恕の道を修行する上で、まだまだ修養が足りないことを、この言葉で悟らせようとしたのです。また、あるときは別の言葉でひそかに気付かせることで、弟子に悟らせるというような教え方もしました。

「樊遅稼《か》を学ばんと請《こ》う。子曰く、吾老農に如かず。圃《ほ》を為《つく》ることを学ばんと請う。曰く、吾は老圃《ろうほ》に如かず」《子路第十三》

〔樊遅が「田の作り方を教えていただきたい」とお願いした。これに対して孔子は「私は老練な農夫に及ばないから」と言って、答えを避けた。すると樊遅は重ねて「畑の作り方を教えていた

だきたい」とお願いした。これに対しても孔子は「自分は老練な畑作りにはかなわない」と言ってかわした〕

これは、弟子の将来にとって重要なことは道徳的な政治に携わることにあるので、樊遅自身にもっと遠大な抱負を持たせようと、間接的な表現で教え導いたのです。

「君子は道を謀《はか》りて食を謀らず」《衛霊公第十五》

〔君子が学問をするのは、いかにすれば道が求められるかに苦労するのであって、生活のために多くの苦労を費やすべきでない〕

ということです。

先の「弟子との対話」でも述べましたが、「仁」についての質問では、樊遅の場合と顔淵の場合の孔子の回答は違っていました。また、同じく「孝」についての問いかけに対しても、

「孟懿子《もういし》、孝を問う。子曰く、違《たが》うこと無かれ」《為政第二》

〔魯国の重臣・孟懿子が孝について尋ねた。孔子は「親の生存中は礼でもって仕え、亡くなったときは礼で葬る。亡くなった後も礼でもってお祭りをする。何事も礼の意味を取り違えないように」と答えた〕

とあります。また弟子の子夏も同様の質問をしています。

「子夏、孝を問う。子曰く、色難《いろかた》し」《為政第二》

〔子夏が孝について尋ねた。孔子は「親に仕えるにあたっては、穏やかで楽しそうな顔つきで接し、親に喜んでいただくことが大切だ。ただ、この穏やかで楽しそうな顔つきをするのは難しいことだ」と答えた〕

これらの問答が意味するところは、恐らくそれぞれ弟子たちが質問してくる目的が違っていること、もしくは質問してくる弟子それぞれに何らかの欠点があったものですから、それに即応して答えたため、質問の相手によって答え方が違っていたのです。

次に、弟子に対して自分自身で発憤し悟ることを求めました。

「憤《ふん》せざれば啓《けい》せず。悱《ひ》せざれば発せず。一隅《いちぐう》を挙ぐるに、三隅《さんぐう》を以て反《かえ》さざれば、則ち復《ふたた》びせざるなり」《述而第七》

〔教えを受けようとする学生自身が、理解を深めようと積極的に努力を重ね、それでも解決がつかない場合、その人自身の意欲が十分に盛り上がり、見た目にその様子が現れるほどにならなければ、教え導くことはしない。学生自身が答えを言おうとして、理解していながらそれを上手に表現できないで、もどかしい気持ちになり、それを口でうまく表現できないで苦しみながら、今にも答えが出そうになるぐらいに至らなければ、言葉で説いて聞かせるようなことはしない。例えば、私が四角形のある物を例に示して説明したとする。まず、その一つの角について、私がヒントを与えておいても、まだ他の三角について自分から類推できないようなことでは、私は二度

と教え導かない〕

これは啓発を重んじ、自分自身で問題を解決させようとする孔子の教育姿勢にほかなりません。

また教える際の姿勢について、以下のようにあります。

「吾知ること有らんや。知ること無きなり。鄙夫《ひふ》有り、我に問うに、空空如《くうくうじょ》たり。我其の両端を叩いて竭《つ》くす」《子罕第九》

〔「私は物知りであろうか、いやそうではない。私はどんなことでも知っているわけではない。ただ、知識の乏しい人間でも、誠意をもって私に尋ねてきたら、袋の底を叩いて中の物をすべて出し尽くすように聞いてやり、私の知っている限りを、誠意をもって答えるだけだ。だから、教えを受けた人は、私を知者であると言うのかもしれない」と孔子は謙遜した〕

以上のことから、孔子は整然と順序立てて教え導き、常に人を教えることに飽くことがなかったことが分かります。顔淵が師のことを感心し褒め称えたことも不思議はありません。

「顔淵喟然《きぜん》として嘆じて曰く、之を仰げば弥《いよいよ》高く、之を鑽《き》れば弥堅《かた》し。之を瞻《み》るに前に在り、忽焉《こつえん》として後ろに在り。夫子《ふうし》循循然《じゅんじゅんぜん》として善《よ》く人を誘《いざな》う。我を博《ひろ》むるに文を以てし、我を約するに礼を以てす。罷《や》めんと欲すれども能《あた》わず。既に吾が才を竭《つ》くせり。立つ所有りて卓爾《たくじ》たるが如し。之に従わんと欲すと雖《いえど》も、由末《よしな》きのみ」《子罕第九》

〔顔淵は孔子のことを尊敬の意を込めて述べた「先生の人格は仰げば仰ぐほどますます高く、人格の中に切り込めば切り込むほどにますます堅い。前におられたかと思えば、不意にまた後ろにおいでになる。また、先生は一つひとつ順序立てて分かりやすく、私たちを上手に導いてくださる。そして、『文』という先王の道によって我々の知識をひらいてくださり、『礼』という法則で行動を正してくださった。このように先生の教育は実に巧みなので、途中でやめようと思ってもやめられず、もう十分に学び尽くしたと思っていても、先生を仰げば更に高くそびえたって見えるだけで、我々には到底追いつけない存在だ」と感嘆して語った」

こうした話は、弟子たちが先生に対して敬愛の情を吐露したものにほかなりませんが、孔子の教育が成功した証であるとも言えます。

一方、孔子は弟子の思想の自由についても重きを置いていました。例えば、弟子との対話で触れましたが、宰我が両親の三年の喪を短縮したいと言い出しましたが、これは孔子の主張に全く叛くものでした。しかし、孔子は弟子のこのような態度を厳しく叱責しなかったばかりか、相手にもしなかったのです。

「女《なんじ》安くば則ち之を為せ」《陽貨第十七》

〔お前は三年の喪を守らないことで、良心が咎めないというのなら思ったようにするがよい〕

これは他人の考えが孔子の主張と異なっていたとしても、決して強引に自分に従わせようとするのではなく、相手方の意見を十分に尊重したのです。孔子は弟子たちの自由を重んじていたと言えます。

また孔子は、

「異端を攻《おさ》むるは、斯れ害のみ」《為政第二》

〔本筋から外れた学説を研究することは、益がないばかりか、むしろ弊害の方が大きい〕

と述べていますが、この言葉は自己の主張と異なったすべてを排撃するというのであれば、これは有害なわけですが、孔子は様々なものを受け入れ容認する精神を持っていたと考えられます。そして、道のある世の中を念願して、

「夫子憮然《ぶぜん》として曰く、鳥獣は与《とも》に羣《ぐん》を同じくすべからず。吾斯の人の徒《と》と与にするに非《あら》ずして、誰と与にかせん。天下道有らば、丘《きゅう》与に易《か》えず」《微子《びし》第十八》

〔孔子は長嘆息して語った。「我々は鳥や獣と一緒になって、誰もが隠者のように生きているのではない。我々は誰と生きているのだろうか。人間以外にないではないか。もし、天下に道があったなら、丘（私）は何も世を変えようなどとする必要はない。今、道がないからこそ、自分だけでなく、世の中と共に改善しようとしているのだ」〕

と述べ、最終的には意見の合う弟子と語り合うことを楽しんでいます。

「曽晳《そうせき》曰く、莫春《ぼしゅん》には、春服既に成り、冠者五六人、童子六七人、沂《き》に浴し、舞雩《ぶう》に風して、詠《えい》じて帰らん。夫子喟然《きぜん》として歎《たん》じて曰く、吾は点《てん》に与《くみ》せん」《先進第十一》

〔弟子の曽晳（姓は曽、名は点。晳は字、子晳とも言う。曽参《そうしん》の父）は「晩春ともなれば、合服ができ

上がるでしょう。それを着て若者五、六人、子供六、七人を引き連れて、沂水《きすい》で湯あみをし、舞雩の高台で風に吹かれ、詩でも吟じて帰ってまいりたいと存じます」と述べた。孔子は深くため息をついて、私は点（曽皙の名）の考え方に賛成だね」

このように孔子は曽皙の悠然とした志を大いに気に入り賛意を表しています。孔子には多くの弟子がいて、家長的な気持ちを持っていましたから、「皆が一緒になって平和に過ごせればいいだろう」と考えていました。

徳育と知育

最後に、孔子は教育する上で、徳育を重視したのですが、とりわけ「実行」面ではあつく真心込めて実践躬行し、同時に「知」の教育にも重きを置きました。《陽貨第十七》に、

「由《ゆう》や、女《なんじ》、六言六蔽《りくげんりくへい》を聞けるか。対《こた》えて曰く、未《いま》だし。居《お》れ、吾女に語《つ》げん。仁を好みて学を好まざれば、其の蔽や愚なり。知を好みて学を好まざれば、其の蔽や蕩《とう》なり。信を好みて学を好まざれば、其の蔽や賊《ぞく》なり。直を好みて学を好まざれば、其の蔽や絞《こう》なり。勇を好みて学を好まざれば、其の蔽や乱なり。剛《ごう》を好みて学を好まざれば、其の蔽や狂なり」

〔孔子は、「由（子路）よ、『仁・知・信・直・勇・剛』の六つ徳にも、学問を好まないために生じる『愚・蕩・賊・絞・乱・狂』という六つの弊害があるのを聞いたことがあるか」と尋ねた。

子路は「まだ聞いたことがありません」と答えたので、孔子は、「そこに座りなさい、話してあげよう」と言って「仁を好むことは実にいいことであるが、仁を好むと共に学問を好んで理を明らかにしなければ、その弊害とし、人に欺かれたり騙されたりする心配がある。知を好むことは実にいいことであるが、知を好むと共に学問を好まないと、その弊害として、高遠を窮めようとするあまりにとりとめがなくなり乱れる心配がある。信を好むことは実にいいことであるが、信を好むと共に学問を好まなければ、その弊害として、過信や盲信となって自分自身だけでなく他人をも損なう心配がある。直を好むことは実にいいことであるが、直を好むと共に学問を好まなければ、その弊害として、自分ばかりでなく他人に対しても厳しすぎてゆとりがなくなる心配がある。勇を好むことは実にいいことであるが、勇を好むと共に学問を好まなければ、その弊害として、血気の勇に陥る心配がある。剛を好むことは実にいいことであるが、剛を好むと共に学問を好まなければ、その弊害として、思い上がって軽挙に走る心配が生じる。これが『六言六弊《りくげんりくへい》』というものだ」と説いて聞かせた〉

とあり、「仁・知・信・直・勇・剛」はそれぞれ美徳となるものでありますが、その真髄を学ばず、かつ知ろうとしなかったならば、『礼記』《学記》にありますように、

「学ばざれば、其の善きを知らざるなり」

〈どんなに立派な道徳があっても、学習してそれを自分で会得しなければ、その真価は分からな

い」

ということになります。ですから、そこに学びがなければ偏った結果が生じるのです。もし、ある事柄について本当に知ろうとするなら、ひたすら学ぶ以外にありません。ここに孔子が「知識」を重視していたことが見て取れます。

また、孔子が述べている「文」というのは「道徳」にほかならず、すべての知識なのです。ここに孔子が「知育」と「徳育」を併せて重んじていたことが理解できます。そして孔子が語っている、いわゆる「仁」ですが、『孟子』《尽心章句下《じんしんしょうくげ》》に、

「仁なる者は、人なり。これを合して言えば、道なり」

〔仁とは人の意である。仁と人を合わせれば、人の道にほかならない〕

とあり、また『中庸』《第二十章》には、

「仁は人なり」

〔仁は人が行うべき道である〕

とあります。これは人間らしくあるための道を語っていますから、将に孔子のいう「仁」の意義に合致していると言えます。人の人たる所以ということですから、「徳」も「知」もその中に包括されているのです。

本日、ここでお話ししました内容は、『論語』や『春秋左氏伝』などから引用したものばかりで、

いわゆる中国学術の伝統的な教材と言えます。決して私個人の意見ではありません。どうかこれを理解して研究を深めていただければ幸いです。

（二〇〇一年六月五日　麗澤大学名誉文学博士学位記授与式での記念講演）

孔子思想の東アジアへの影響

本日は「孔子思想の東アジアへの影響」と題して、お話しいたします。まず、「孔子の生い立ち」および「学に志す」を紹介し、次に、教育についての主張および品性の修養と倫理道徳についての主張、最後に孔子の思想が東アジアにどのように影響したかをご紹介します。

一　孔子の生い立ち

孔子は春秋末期の魯《ろ》国（周代諸侯国の一つ。都は山東省曲阜《きょくふ》）の人です。『史記』《孔子世家《こうしせいか》第十七》に記されているところでは、魯国の襄公《じょうこう》二十二年（周霊王《れいおう》二十一年、前五五一年）に生まれ、魯国の哀公《あいこう》十六年（周敬王《けいおう》四十一年、前四七九年）に七十二歳で亡くなりました。

孔子は殷商（殷の王朝。初め商という国名であったが、後に殷を都としたので、合わせて殷商と言う）から続く宋国の貴族の末裔《まつえい》でした。父親は叔梁紇《しょくりょうこつ》（孔紇。叔梁は字《あざな》）と言い、魯国では大力と武勇で有名な武士で、陬邑《すうゆう》大夫（将軍）という職に就いたことがありました。晩年顔《がん》氏の三女顔徴在《がんちょうざい》を娶りましたが、かつて子供が授かるようにと尼丘《じきゅう》（山東省曲阜にある尼丘山）に祈ったので名を丘《きゅう》、字を仲尼《ちゅうじ》と名付けました。孔子が三歳のとき、父親が亡くなり、暮らし向きは苦しくなりましたが、母の手によって育てられ成長しました。このように、孔子の先祖は宋国の貴族ではありましたが、孔子自身の時代になりますと、すでに貧賤の身になっており、倉庫や牧場の管理をするという地位の低い役人をしました。後に魯国の大司寇《だいしこう》という司法大臣にまで昇りましたが、結局は孔子の主張が当時の為政者に受け入れられず、退いて学問を修め、教育の普及に努めました。孔子の学説は、古代から引き継がれてきた伝統を、次の世代へ発展させていくものであると言えます。そして、これは中国の思想上だけでなく、すべての人類の思想上に、大変重要な位置を占めるに至りました。

二　学に志す

孔子は中国における歴史上第一の高名な教育家であり、孔子が提唱した学説思想は永く後世の人々から敬慕され、また、弟子に対する教育方法は後世の人々が手本として見習うところとなりました。

孔子は若くして学問に志し、その気力は年をとるまで衰えませんでした。『論語』では、次のよう

第16回孔子生誕祭参列旅行団（昭和62年〔1987〕 9月28日）

に述べられています。

「吾十有《ゆう》五にして学に志す」《為政《いせい》第二》

〔私は十五歳のとき、詩・書・礼・楽の学問によって身を立てようと決心した〕

次に、『論語』《学而《がくじ》第一》では、冒頭で「学」に始まり孔子の学問に取り組む姿勢が語られています。

「学びて時に之を習う、亦た説《よろこ》ばしからずや」

〔学んだことを、機会あるごとに何度も繰り返して復習する。その度に理解が深まり自分のものになっていく。なんと嬉しいことではないか〕

また、《述而《じゅつじ》第七》には、孔子自身が自らの人となりを披露して、

「憤《いきどお》りを発して食を忘れ、楽しみて以て憂いを忘れ、老いの将に至らんとするを知らざるのみ」

〔私〔孔子〕の人柄は生まれつき学問好きで、分からないことがあると、研究に夢中になって発憤し、食事も忘れるほどであるが、真意を会得すると心から喜び楽しんで心配事も忘れ、寄る年波も気づかないでいるような人間である〕

と述べています。また、《述而第七》には、

「我に数年を仮し、五十にして以て易を学べば、以て大過《たいか》無かるべし」

〔私にもう数年の寿命が与えられ、五十の年までに易を学び得たならば、易の原理は理解できるだろうから、大きな過ちを犯すことはなくなるだろう〕

また、『史記』《孔子世家第十七》にも、

「孔子、晩《ばん》にして易を喜《この》み、序《じょ》・彖《たん》・繋《けい》・象《しょう》・説卦《せつか》・文言《ぶんげん》あり。易を読むに韋編《いへん》三たび絶《た》つ。曰く、我に数年を仮《か》し、是《かく》の若《ごと》くせば、我、易に於いては則ち彬彬《ひんぴん》たらん」

〔孔子は晩年になって周易〔周代に行われたとされる占い法。孔子も一部解説を書いたと言われている。後世、易経として儒教の経典のうち重要な五種の書〈『易経』『書経』『詩経』『春秋』『礼記』〉の五経の一つに加えられた〕を愛好した。序卦伝《じょかでん》、彖伝《たんでん》、繋辞伝《けいじでん》、説卦伝《せつかでん》、文言伝《ぶんげんでん》がある。孔子が繰り返し読んだため、なめし皮の綴じ紐が何度も擦り切れてしまった。孔子は「私にあと数年の命を与えられ、研究を続けさせてくれるなら、易に関しては素晴らしいものになったであろう」と語ったと言う〕

とあります。

孔子は、学問をするにあたっては、学ぶこと、思索することのどちらも重要で、しかも、勤勉で長続きすることの必要性を、以下のように言っています。

「学びて思わざれば則ち罔《くら》し。思いて学ばざれば則ち殆《あやう》し」《為政第二》

〔先輩から学んだり、書物から学んだり博く学んでも、自分の心で思い巡らしてみないと、学んだことがぼんやりしていて物事の道理をつかむことができない。反対に、自分の乏しい知識だけで思い巡らしているだけでは、一方に偏って独断に陥り危険この上ない〕

「我は生まれながらにして之を知る者にあらず。古《いにしえ》を好み、敏《びん》にして以て之を求むる者なり」《述而第七》

〔私は決して生まれながらにして物の道理を知っていた者ではない。ただ、歴史上の先賢から学ぶことが好きで、その中から素早く教えを探り出そうとしているだけである〕

「吾嘗《かつ》て終日食《く》らわず、終夜寝《い》ねず、以て思う。益《えき》無し。学ぶに如《し》かざるなり」《衛霊公《えいれいこう》第十五》

〔私はかつて一日中食事もとらず、一晩中一眠りもせずに、ひたすら思索にふけったことがある。しかし、その結果は何も得るところがなかった。やはり先人の教えを手本にして学び、本当の知識を得ることが一番である〕

「蓋《けだ》し知らずして之を作《な》す者有らん。我は是《これ》無きなり。多く聞きて其の善き者を択びて之に従い、多く見て之を識《しる》す。知るの次なり」《述而第七》

〔どうも何も知らないのに偉そうなことを言う人がいるようだ。私にはそれがない。たくさん聞いて、その中からよいものだけを選んでこれに従い、たくさん見て心に留めておく。これで知者とは言えないかもしれないが、知者の次くらいであろう〕

以上の記述から、向学心旺盛な孔子の様子が見て取れます。

孔子は当時にあっては最も博識のある学者となりました。これは単に学識と教育があるから有名になったわけではありません。孔子の博識ぶりを表すものとして、『国語』《魯語下《ろごげ》》には、次のような逸話が載せられています。

呉の王が使者を派遣して、会稽で発掘された骨について、何の骨かを尋ねたときの様子に、

「呉は越《えつ》を伐《う》ち、会稽《かいけい》を堕《こぼ》ちて、骨を獲《え》、節車《せつ》を専《もっぱら》にす。呉子《ごし》来りて好聘《こうへい》せしめ、且つ之を仲尼に問わしむ」

〔呉国は越国を打ち果たし（前四九四年）、会稽の城を破壊したところ、大きな骨が出てきた。その骨の一本の大きさは車一台になるほどだった。呉子（呉王夫差《ふさ》のこと。王と僭称していたので呉子と書かれている）は使節を魯国へ派遣して、発掘した骨のことを孔子に聞かせた〕

とあり、孔子と使節の会見では、発掘された骨の出拠から禹王にまつわる巨人神話にまで及び、孔子は臆することなく博識ぶりを発揮しています。

また、陳国の恵公が隼に当たった矢を孔子に見せたところ、孔子は矢じりとその長さから粛慎氏《しゅくしんし》

（北方民族）のものであると言い当てたというのです。

「仲尼《ちゅうじ》陳に在り、隼《はやぶさ》有りて陳侯の庭に集《とま》りて死し、楛矢《こし》之を貫き、石砮《せきど》あり其の長さ尺有咫《し》あり。陳の恵公《けいこう》人をして隼を以て仲尼の館に如《ゆ》きて之を問わしむ。仲尼曰く、隼の来たること遠し。此れ粛慎氏の矢なり」

〔孔子が陳国にいたとき、隼が陳侯の庭に止まって死んだ。楛木《こぼく》の矢に石の矢じりがついていて、矢の長さは一尺八寸だった。恵公（魯の哀公の孫）がこの隼について孔子に尋ねさせたところ、孔子が言うには、粛慎氏の矢であることを言い当てた〕

また、魯国の重臣季桓子《きかんし》が井戸を掘ったところ、土の甕《かめ》が出てきて、中に羊が入っていたという不思議な話を持ちかけてきました。

「季桓子井を穿《うが》ちて、土缶《どふ》の如きものを獲て、其の中に羊有り。之を仲尼に問わしめて曰く、吾井を穿ちて、狗《いぬ》を獲たり、何ぞや。対えて曰く、丘《きゅう》の聞く所を以てすれば、羊なり」

〔魯国の重臣・季桓子（季平子の子、名は斯《し》）が井戸を掘ったら、土の甕が出てきたが、中に奇妙なものが入っていた。不思議に思い、「井戸を掘ったら犬が出てきました」と言って、孔子に聞かせたところ、孔子は「私の聞くところでは、それは墳羊《ふんよう》といって羊に似た土の妖怪です」と答えたのでした〕

このように、神秘的で奇想天外な話に対しても、孔子はすべてに詳しく回答しました。こうした逸話からも、当時において世の中の人々がいかに孔子の博識ぶりに尊崇の念を抱いていたかが分かります。

孔子はいつごろから弟子を受け入れるようになったかの記載はありませんが、孔子は自ら自身の学問について、

「三十にして立つ」《為政第二》

〔三十歳のとき、学問の基礎ができ上がった〕

と述べていますから、弟子に教えるようになったのは、これ以降だと思われます。また三十四、五歳のころ、魯国の重臣・孟僖子《もうきし》が臨終に際して、息子の孟懿子《い》と南宮敬叔《なんきゅうけいしゅく》の二人に、孔子から礼を習うようにと命じています（『春秋左氏伝』《昭公《しょうこう》七年》に記されている）。これが、孔子が弟子に教え始めた最初であったかもしれません。

三　教育についての主張

孔子は春秋末期に身を処してきましたが、当時の貴族政治は衰え滅亡しつつありました。宗族制度や階級制度はどちらも動揺し不安定な中にあって、政治および社会は、全てにわたって紛争と混乱が現出し、世間の道理と人情はもう維持していくことが難しくなってきました。このような状況下に

あって、孔子は積極的に世の中を良くし、人を救おうと、席の温まる暇がないほどに諸侯の間を奔走し、賢君名主の理解を得て、道徳主義に基づく政治哲学を遂行しようと考えたのですが、残念ながら、ことごとく不遇の結果になってしまいました。そこで失望を体験した後、自ら退いて洙泗《しゅし》（「先聖講堂」「孔子講堂」とも言う。曲阜の市街東北四キロにある。泗水が北を、洙水が南を流れる場所）という所で門人に学問を講じてきました。そして、孔子の骨身を惜しまぬ教育に対する姿勢と努力に加えて、

「教え有りて類《るい》無し」《衛霊公第十五》

〔人間すべて平等であり、結果は教育を受ける人の姿勢がどうであるかであって、人間の種類によって左右されるものではない〕

「人を誨《おし》えて倦《う》まず」《述而第七》

〔人を教えるということは難しいことだが、人を教育するためには熱意を失わない〕

といった精神が加わり、多種多様な特色を持った人たちが孔子の弟子になり、総勢三千人、六芸（礼＝五種の重要な礼、楽＝黄帝以下六代の音楽、射＝弓を射る五種の方法、御＝馬を馭《ぎょ》する五種の方法、書＝漢字の成り立ちや特殊な用法、数＝数学上の九種の算法）に通じた者七十七人（『史記』《孔子世家第十七》）に及び、儒家学派を形成しました。孔子の生涯で最大の成果は、この教育の分野です。そこで、次に「教育の目的」「教育の方法」から、孔子の教育についての主張を述べていきます。

孔子の人生哲学は「仁」が中心で、仁の徳が実行できることが教育の最終目的でした。ですから、

「君子は仁を去りて、悪《いず》くにか名を成さん。君子は終食《しゅうしょく》の間も仁に違《たが》うこと無し。造次《ぞうじ》にも必ず是《ここ》に於いてし、顛沛《てんぱい》にも必ず是に於いてす」《里仁《りじん》第四》

〔君子の目標は仁であるのに、君子から仁をとってしまったのでは、君子ではなくなる。だから立派な君子は食事をとるわずかな時間も、慌ただしいときにも必ず仁に基づいて行動し、つまずき倒れるような危険なときでさえも、必ず仁に基づいて行動する〕

仁を実行する方法は消極的実行と積極的実行の両面があります。消極的実行は、

「己の欲せざる所、人に施すこと勿れ」《顔淵《がんえん》第十二・衛霊公第十五》

〔思いやりというのは、自分がして欲しくないようなことを、他人にしてはならない〕

ということです。

また、積極的な実行は、

「夫《そ》れ仁者は己立たんと欲して人を立て、己達せんと欲して人を達す」《雍也《ようや》第六》

〔仁者は自分が何か樹立したいと願うときには、まず他人に樹立させる。自分が何かに到達したいと願うときには、他人に到達させるものだ。すなわち、手近なところから善意を人に及ぼす、

こうした心がけこそが仁の道徳と言える〕と述べられています。一個人が行動する上で、もし仮にあらゆる場面で自分を顧みて他人のことを推し量ることができたなら、当然ながら、それは「仁」の精神に合致していると言えるのです。孔子は次のように言っています。

「道を修むるは仁を以てす」（『中庸』《第二十章》）

〔道を修めるには仁をもって本とする〕

また、次のようにあります。

「道を修むるをこれ教えと謂う」（『中庸』《第一章》）

〔人が踏まなければならない道を修めることが教えである〕

道を修めるというのはすなわち教育です。「道を修むるは仁を以てす」の意味する所は「仁」の具体的な実践ですから、これが教育の最終目的ということです。

教育の方法

孔子の教育方法には、以下の四つの要点があります。

（1）　**身をもって範を垂れ、人格の感化を行う**

孔子は平素の教育については、人格への感化を最も重んじました。不言実行の教えは学ぶ者に見せて聞かせて自然と覚えさせることで、知らず知らずのうちに感化するという効果を収めました。《子《し》路《ろ》第十三》には

「其の身正しければ、令せずして行われ、其の身正しからざれば、令すと雖《いえど》も従われず」

〔上に立つ者の行状が正しくて品行がよかったら、命令されなくても下の者は実行するが、上の者が不正を働いているようであれば、下の者にいかに厳しく命令しても誰も着いてこないものだ〕

とあり、《憲問《けんもん》第十四》には、

「君子は其の言を恥じて、其の行いを過ごす」

〔君子は自分の言葉に実行が伴っていないことに恥じ、行いが言葉以上になるように努力する〕

以上のように述べられているところから、孔子は身をもって手本を示す教育を重んじていたことが分かります。こうした教育の原則は、今日の学校、家庭教育の中にあって、教師や父兄・保護者が最も重視すべき要件であると言えます。

(2) 教え有りて類なし

春秋時代以前の中国社会は、教育の権利は王朝官吏の手中に握られており、わずかに貴族の子弟が役所（学校）へ行って高い学術的教育を受けることができましたが、一般平民は教育の機会が与えられませんでした。しかし、孔子は幅広く多くの学生に教育を行いましたが、

「教え有りて類《るい》無し」《衛霊公第十五》

〔人間すべて平等であり、結果は教育を受ける人の姿勢がどうであるかであって、人間の種類によって左右されるものではない〕

という態度で、古代の階級的な貴族教育を打破し、中国歴史上はじめて平民教育の先駆けをつくり出しました。自ら学ぼうと願う者は、喜びのうちに受け入れられ、来る者は拒みませんでした。

こうした「教え有りて類なし」の教育理念は、ちょうど現在の中華民国がまさに推進に尽力を傾けている教育の普及と充実そのもので、全ての人々に均等に機会が与えられ、それによって幅広い教育が受け入れられているのです。

(3) 能力・素質に応じた教育

「与《とも》に言う可《べ》くして、之と言わざれば、人を失う。与に言う可からずして、之と言えば、言《ことば》を失う。知者は人を失わず、亦言《ことば》を失わず」《衛霊公第十五》

〔その人と話をしなければならない相手なのに、必要な時に話さなければよい相手を失ってしまう。逆に、話をする必要のない人物なのに会話をするのは、言葉の損失である。知者は人も言葉も失わない〕

「中人《ちゅうじん》以上は、以て上《かみ》を語る可《べ》きなり。中人以下は、以て上を語る可からざるなり」《雍也第六》

〔中ぐらい以上の人間には、高尚な話をしてもよいが、中ぐらい以下の人間には、高尚な話をしても理解はできないだろうし、役にも立たない〕

この二つの文章には、どちらも「材に因《よ》りて教を施す」〔それぞれの能力、素質に応じて異なった教育を実施する〕でなければならないことを説明しています。『論語』の中からも、多くの実例をさがし出すことができます。例えば、孔子が、「孝」について質問を受けたとき、

「違《たが》うこと無かれ」《為政第二》

〔礼の意味を取り違えてはいけない〕

「子游《しゆう》孝を問う。子曰く、今の孝なる者は、是れ能《よ》く養うを謂う。犬馬に至るまで、皆能く養うこと有り。敬せずんば、何を以て別《わか》たんや」《為政第二》

〔弟子の子游が「孝とは何でしょうか」と孔子に質問した。孔子は「今の孝はただ親を養っていることで孝行としているが、私たちは犬や馬でさえ養っているではないか。養う対象が人と犬馬

の違いは、そこに敬う気持ちがあるかないかの違いである」と教え導いた〕

「色難《かた》し」《為政第二》

〔穏やかで楽しそうな表情が難しい〕

といったように、孔子は質問する人によって違った答え方をしています。同じように「仁」について問われたときも、同様の例が見られます。

「人を愛す」《顔淵第十二》

〔仁とは人を愛することである〕

「己に克ちて礼に復るを仁と為す」《顔淵第十二》

〔自分の身勝手を行わないように、心では自分というものを引き締め人の踏まねばならぬものを踏み行うことが仁である〕

「能《よ》く五の者を天下に行うを仁と為《な》す。曰く、恭《きょう》・寛《かん》・信《しん》・敏《びん》・恵《けい》なり」《陽貨《ようか》第十七》

〔孔子は、恭・寛・信・敏・恵の五つの徳を至るところで実行していくことが仁である、と述べた〕

このように、弟子が尋ねた問題は同一の問題ではあっても、孔子の答え方は決して同じではありませんでした。これはきっと尋ねた弟子にその問題で欠陥があったため、特に戒めて注意を与えたのだと思われます。これは正しく「材に因りて教えを施す」の原則を実際に運用したものです。

(4) 啓発による教育

「憤《ふん》せざれば啓《けい》せず。悱《ひ》せざれば発せず。一隅《いちぐう》を挙ぐるに三隅を以て反さずんば、則ち復《ふたた》びせざるなり」《述而第七》

〔教えを受けようとする学生自身が、理解を深めようと積極的に努力を重ね、それでも解決がつかない場合、その人自身の意欲が十分に盛り上がり、見た目に現れるほどにならなければ、教え導くことはしない。学生自身が答えを言おうとして、頭では理解していながらそれを上手に表現できないで、もどかしい気持ちになり、それを口でうまく表現できないで苦しみながら、今にも答えが出そうになるぐらいに至らなければ、言葉で説いて聞かせるようなことはしない。例えば、私が四角形のある物を例に示して説明したとする。まず、その一つの角について、私がヒントを与えておいても、まだ他の三角について自分から類推できないようなことでは、私は二度と教え導かない〕

これは学ぼうとする者がある課題に対して、研究がまだ十分でないとき、教える側は機に応じて適切に教え導き工夫すれば、よく通じることがあります。また、学ぶ者がある問題について、すでに理解できたものの、言いたいことがうまく言えないとき、教える側は機に応じてうまく指示をして、その説明がよく通るようにさせなければなりません。このように、教える側は機に応じてうまく導き、必ず学習者をして、その研究する問題を深く印象づけさせ、徹底的に理解させようとするのです。

以上述べてきたところから、我々は、孔子は比類なき大教育家であり、孔子の一挙一動が、すべて後世の人の鑑たりうるものでありましたので、後世の人は孔子を尊称して「万世師表《ばんせいしひょう》（永遠に世の中の手本となる人）」と呼んでいるのです。

四　品性の修養と倫理道徳についての主張

品性の修養と倫理道徳に関して、孔子が最も多く述べているのは「仁」です。仁は人なりと言えますから、仁は人が人たる所以の道理なのです。ですから仁は孔子の考え方の中にあって、すべての徳の総称です。仁は愛、忠、孝、智、勇を含み、また礼を包括し、恭、寛、信、敏、恵などの美徳を含んでいます。

このほかに、孔子はまた「恕《じょ》」の道と「直」の道を強調しました。いわゆる「恕」は、《衛霊公第十五》に、

「子貢問いて曰く、一言《いちげん》にして以て身を終うるまで之を行うべき者有りや。子曰く、其れ恕か。己の欲せざる所、人に施すこと勿れ」

〔子貢が「たった一言で言い表せ、一生涯それを行ってゆけるようなことがありますか」と孔子に教えを請うた。孔子は「それは恕だろう。恕というのは、自分がして欲しくないようなことを、

他人にしてはならないという思いやりだ」と教えた〕

とあり、また、仲弓《ちゅうきゅう》が孔子に、仁とは何でしょうかと問うた際にも、孔子は**「己の欲せざる所、人に施すこと勿れ」**《顔淵第十二》と同じように答えています。このように、恕は仁の中に包括されているのです。

次に「直」の道ですが、《雍也第六》に、

「人の生けるや直《なお》ければなり」

〔人がこの世に生きていけるのは、すなおに道を歩んでいるからである〕

と述べられています。また、《衛霊公第十五》には、

「直《ちょく》なるかな史魚《しぎょ》。邦《くに》に道あるときも矢の如く、邦に道無きときも矢の如し」

〔孔子は衛国の重臣・史魚を評して、「誠に正直一途の人物である。国家に道が行われ治まっているときも、矢のようにまっすぐであるし、国家に道が行われず乱れているときも、矢のように曲がることはない」と語った〕

とあり、前者は、「直」というのは、本来人が生まれつき持っている美徳であるということ、後者は、人が持っている志というのは、国が治まっていようが、乱れていようが、如何なる場合も左右されるべきではないということを表しています。

次に、《子路第十三》に、

「**父は子の為に隠し、子は父の為に隠す。直《なお》きこと其の中に在り**」

〔父親は子供が犯した悪事をかばってやり、父親に悪事があれば、子供は子供で父親のために隠すものだ。親と子が互いにかばい合う中にこそ直の精神が存在している〕

とあります。これは親に仕える孝行の道でありますから、よく父母に仕え、人々を慈しむ行為もすでに「仁」の中に包括されていることを考えますと、「直」も「仁」の一端と言えます。

以上述べてきました修養を、更に広く押し広めていきますと、

「**老者は之を安んぜしめ、朋友は之を信ぜしめ、少者は之を懐かしめん**」《公冶長《こうやちょう》第五》

〔老人たちには安心してもらい、友達からは信頼され、若い人たちからは頼られるようになりたい〕

「**吾が老を老として以て人の老に及ぼし、吾が幼を幼として以て人の幼に及ぼす**」『孟子』《梁《りょう》恵王章句上《けいおうしょうくじょう》》

〔わが家の老人を年長者として敬い仕え、その心をよその老人にも同様に敬い労わっていく。わが家の幼い者を幼い者として愛し、その心を他人の幼い者にも同様に愛していく〕

「**四海の内、皆兄弟なり**」《顔淵第十二》

〔世界中が皆兄弟である〕

という老いも若きも安心平和な理想的社会になり、人々は豊かになって、初めて世界が大同《だいどう》（『礼記』

《礼運《れいうん》》・公平で平和な理想的社会）の境地に達することができるのです。

五　孔子思想の東アジアへの影響

ここまで孔子の学説思想の大略を述べてきましたが、次に、孔子思想の東アジアへの影響についてお話しします。

東アジアの社会にあって、孔子思想の影響を受けた最大の国家は、まずは日本であり、韓国、ベトナム、およびシンガポールなどの国家ですが、とりわけ日本と韓国はその影響が顕著です。

日　本

まず孔子学説の日本における影響についてお話しいたします。『論語』は孔子の学説を記載したもので、孔子の思想を理解する上で主要な典籍です。日本の漢学者・牧野謙次郎（早稲田大学教授。一八六三〜一九三七）の『日本漢学史』第一章「中国の学術・文化が次第に入ってきた初期」には次のように書かれています。

「中国の経書（儒教の書物）が日本に伝わってきたもので、最も早いものは『論語』で、応神十六年（晋武帝太康六年、二八五年）頃です。そのときの『論語』は朝鮮の百済の学士・王仁《わに》（古代の百済からの渡来人。応神天皇のときに来日し『論語』十巻、『千字文』一巻を献上したという。生没年不詳）が日本の朝廷に献じたものです。それ以降『論語』が日本において徐々に広まっていったのです」

このことから、孔子の思想が三世紀になって徐々に日本に影響してきたことが分かります。六世紀半ばになると、孔子の学説はすでに日本の上層社会および宮廷にまで普及してきました。そして、七世紀初め、推古天皇十二年（六〇四年）聖徳太子は儒学を基礎として、十七条の憲法を発布しましたが、その第一条は、

「一に曰く、和を以て貴《とうと》しと為し、忤《さから》うること無きを宗《むね》とせよ」

〔一に言う、何よりも和を大切なものとし、いさかいを起こさぬことを根本としなさい〕

とありますが、これは《学而第一》の

「有子《ゆうし》曰く、礼の用は、和《わ》を貴《たっと》しと為す」

〔有子（姓は有、名は若《じゃく》、字は子有。『論語』に登場する門人の中で「子」をつけられて呼ばれるのは、有子と曽子《そうし》（曽参《そうしん》）、冉子《ぜんし》（冉有《ぜんゆう》）、閔子（閔子騫《びんしけん》）の四人だけである）は、礼の運用には調和する心が大切で、貴いものである〕

同憲法、第十六条には、

「十六に曰く、民を使うに時を以てするは、古《いにしえ》の良き典《てん》なり」

〔十六に言う、人民を使役するには、その時期をよく考えてする、とは昔の人の良き教えであ

る〕

とありますが、これも《学而第一》の、

「民を使うに時を以てす」

〔民を公役に使う場合は、彼らの仕事に差し支えない時期を選ばなくてはならない〕

と『論語』の言葉が引用されています。そして、日本の歴史学者はこの十七条の憲法を日本の上古史における国家の基本法と見ていますから、孔子の思想と日本の立国精神は極めて密接な関係にあったと言うことができます。

七世紀から九世紀末にかけて、さらに効果的に中国文化を学ぶために、日本は十三回も官吏、留学生を中国に派遣してきましたが、最も多いときは一度に五百人にものぼりました。さらに、七世紀半ば、有名な大化の改新（六四五年、中大兄皇子《なかのおおえのおうじ》・中臣《なかとみの》（藤原）鎌足《かまたり》らが蘇我《そが》氏を打倒して始めた古代政治史上の一大改革）があり、ほとんど完全に唐王朝の法令制度を継承し、それによって統一国家としての体裁が備わりました。

八世紀には、文武天皇大宝元年（七〇一年）、大宝律令《だいほうりつりょう》（日本古代の基本法典）が発布され、大学の設立と孔子の祭祀が始まりました。毎年春秋二回、大学において釋奠礼《せきてんれい》（古代の聖人や孔子を祀る儀式）が行われましたが、式典の儀式はすべて中国を基準にして行われました。これより儒学の経典は、日本で唯一の教科書になり、大きくは国家の政治・教育に、小さくは個人の処世のための修養に、最も重要な拠り所となりました。

十四・十五世紀、宋代の儒学者・朱子（朱熹《しゅき》。南宋の儒学者。朱子・朱文公は尊称。死後、朱子学が儒学の正統とされ、元代以降官学として採用された。一一三〇～一二〇〇）、明代の儒学者・王陽明《おうようめい》（名は守仁、字は伯安、諡は文成公。陽明は号。朱子学に満足せず陽明学を完成、実践倫理への道を開いた。一四七二～一五二八）の学が、前後して日本に伝わり、徳川時代から明治維新にかけて、朱子・王陽明の学説が著名な学説、学派として並び称されました。明代の高名な儒者・朱舜水《しゅしゅんすい》（明朝の遺臣。名は之瑜《しゅ》。舜水は号。一六〇〇～一六八二）は江戸時代初期（一六五九年）に日本に亡命し、徳川家康の孫に当たる徳川光圀《とくがわみつくに》に尊崇されるところとなり、師の礼をもって遇せられ、朝野から「国師朱公《こくししゅこう》」と奉られました。徳川家が編纂した『大日本史』は朱舜水の指導のもとに完成しましたが、孔子の大義名分を貫く春秋の大義（歴史書『春秋』に孔子が歴史に対する鋭い批判を加え大義名分を掲げたもの）を基本思想として、後の尊王攘夷、諸藩統一、王政復古に至るまでの基礎を定めたと言われています。また、明治維新が順調に成功した理由は、実に徳川二百数十年の太平の賜物であったのですから、徳川の治世なくして明治維新はなかったし、朱舜水の教化なくして徳川の隆盛はなかったのです。

日本における朱子、王陽明の二学説について、日本の哲学史家・宇野哲人《てつと》（東京大学名誉教授などを歴任。一八七五～一九七四）の『中国近世儒学史』によると、朱子を「古今の学説を集めて一貫したものとした……その博学多識は実に古今を通じて独歩であると言える。その影響は後世の天下にまで及んだ。とりわけ日本への影響が大きく、さらに言葉を添える必要はない」と称賛し、また王陽明をたたえて、「その影響は、日本の思想史上に大きな光を添えるもので、一つひとつ詳細に述べきれない」と記述しています。史学家・安岡正篤《まさひろ》（陽明学者・思想家。一八九八～一九八三）も「陽明学は明治維新運動の新血脈である」と肯定しています。

朱子、王陽明、朱舜水はいずれも中国の宋・明時代の高名な儒家で、彼らの学説は孔子の思想を明らかにすることを目的としていましたから、日本人の多くが同様に尊重していたことは理解できるところです。緒方竹虎《おがたたけとら》（ジャーナリスト・政治家。一八八八～一九五六）は、「孔子の学説は日本歴史の梁《はり》、それに従えば興るし、逆らえば亡びる」。横井小楠《よこいしょうなん》（儒学者・政治家。一八〇九～一八六九）は、更にはっきりと、

「尭《ぎょう》、舜《しゅん》、孔子の道を明らかにし、西洋の器械の術を尽くせば、何ぞ富国に止まらん、何ぞ強兵に止まらん。大義を世界に布かんのみ」

（尭、舜や孔子の中国古来の道徳を明らかにし、更に西洋の科学技術を学び、身につけるべきだ。国家の方針は富国強兵であるが、富国強兵に止まることなく、充実した国力でもって大義を世界に広め、世界の安定に寄与すべきだ」（横井小楠の甥・左平太、太平二がアメリカへ出発する際に贈った言葉）

と述べています。

以上のように、ほんの一部分ですが、孔子の思想・学説の日本への影響を述べました。

韓　国

韓国と中国は国土が隣接しています。孔子の思想に感化・影響を受けた部分は極めて深く、韓国文化の唯一の源はすなわち中国で、中国文化が東へ伝わって日本へ通過する際も、韓国が橋渡しの役を果たしました。ですから、韓国は古くから中国より経典を取り入れ、中国文字を使い、中国の制度を学んだのですから、東方各国の中にあって、中国文化の影響を最も大きく受けた国家ということができます。

韓国と中国の交流は、早くは前一〇〇〇年、中国周代武王の時代からです。紀元前一〇九年、漢の武帝は朝鮮北部を版図に収め、前後四百数十年に及びました。四世紀末、朝鮮では学校の設立が始まりました。これは儒学が朝鮮において発展していく新しい段階の始まりでした。

六世紀初めには、深く孔子の学説に感化を受けた和尚円光《ウォングワン》法師（六世紀末から七世紀前半の新羅で生まれたとされる。俗姓は朴。儒学を学ぶため中国に渡ったが、仏教の教えを聞き僧になる。生没年不詳）が中国から朝鮮に帰り、儒家精神を手本として、韓国の国民精神を代表する「花郎魂」（五六七年、仏教の弥勒《みろく》信仰と儒教的徳目「孝悌忠信」による修養を結合させた修養団体・花郎団が掲げた精神）を打ち立てました。

八世紀初めには、朝鮮の留学生が中国から孔子と一門の弟子たちの像を持ち帰り、孔子を祀る祭典を開始しました。

十世紀初めから十四世紀末にかけては、最も中国文化を積極的に学び模倣した時代です。例えば、科挙制度の実施、中国の官服の採用、学校設立の推進など、中国の文物制度を吸収したばかりでなく、国民生活のあらゆる面で儒学を模範としました。

十四世紀から二十世紀初めにかけて、さらに全国にわたって孔子廟、書院が建立され、孔子の学説で国民を教育したことにより人材が輩出し、十六世紀には、二人の傑出した宋儒家が現れました。一人は、李退渓《イテゲ》（朱子学者。本名は李滉。科挙に合格したのち、官僚として活躍、後半生は郷里礼安に引退し、学問と後進の指導に従事した。一五〇一～一五七〇）、もう一人は李栗谷《イユルゴク》（李退渓と並んで朝鮮朱子学の双璧とされる学者。本名は李珥、栗谷は号。仏教に満足できず、儒学に復帰し、科挙に合格後は名声をほしいままにした）で、どちらも朱熹《しゅき》の学を研究した学者です。退渓は「海東の朱子」と呼ばれ、栗谷は「東方の聖人」と称されました。同時に鄭齊斗《チョンジェドゥ》（陽明学者。号は霞谷。一六四九～一七三六）は王陽明の学を提唱しました。これは朱熹・王陽明の学が朝鮮で受け入れられ極めて尊重された結果です。現在に至ってもなお、退渓の学は、韓国において影響力を持っています。

韓国の社会は孔子思想の影響を大きく受けました。孔子を祀る儀式が盛んであることからも分かりますが、孔子祭は毎年二回行われ、これは最も歴史のある成均館《ソンギュングァン》大学校が主催し、国立国楽院が祭礼の音楽演奏を担当しています。

このような両国の関係は地縁の関係が密接であるところから、交通が早くから拓け、交流も頻繁になり、各時代の統治者も孔子に対して尊崇の念を持っていたので、韓国社会での儒家精神が定着したことは明らかで、孔子の思想が韓国社会に深く影響している証と言えます。

ベトナム、シンガポール

ベトナムと中国の関係は、古くは中国の秦・漢の時代から始まります。かつ、この頃は中国の一州でしたから、全てにわたって中国の感化を受けてきました。十二世紀末、ベトナムは独立しましたが、その後も依然として中国に朝貢をしており、十五世紀初め、再び中国の一州になりました。こうした密接な関係から、ベトナムが孔子思想の影響を受けていたと説明することができます。ベトナム最後の王朝（阮朝《げんちょう》。一八〇二～一八八二）を例にとると、当時もなお非常に孔子を尊崇しており、孔子を「至聖先師《しせいせんし》（孔子の尊称）」と称し、ずっと孔子祭を続けてきました。

一九五五年、ベトナム共和国成立の後も儒学はベトナムにおいて再興し、ベトナム政府は孔子の誕生日を国の祭日（現在は祭日となっていない）と定めました。これはベトナムにおける孔子の地位の高さと見ることができます。

シンガポールは世界でも中国系人口の割合が高い国です。中国の伝統的思想・文化があらゆる面に浸透しています。シンガポールのリー・クアンユー首相（漢字名・李光耀、シンガポール初代首相。一九二三～二〇一五）は、更に儒家の倫理道徳を提唱し、「忠」・「孝」を国民に教えるなど、孔子の学説を基本理念にして国民を教育していますが、このような基本方針があってこそ、初めて社会の安定、国家の富裕が実現しているのです。これは孔子の思想が現代社会の需要にうまく合致していると言えます。

六　結　語

以上の話を総合しますと、孔子は熱心に学問を追究したばかりでなく、教育の普及を推し進めた第一人者であり、その結果は人類思想上に重要な位置を占めるに至りました。

孔子の教育方法というのは、対象となる人それぞれに適切に教えを施すという方法です。その人に適した教育をするということは、学ぼうとする人を啓発し、また、啓発された人自身が自らを伸ばそうとし、そして自らが悟るということを重視するわけですが、具体的には、相手がどのような才能を持っているか、どのような動機を持っているかによって、どのように教えればよいだろうかと考える。また、相手にどのような欠陥があるかによって、教える側はどのような方法で相手を救ってやるかを考えるということです。

個人および社会面では、向学心を高めるために努力し、品性の修養と倫理道徳の確立に重きを置きました。孔子が説くところの「仁」とは、人が人として生きていく上での道理であると言えます。

「仁」とは日常生活の中で人々が守らなければならない道理なのです。ですから孔子は、

「苟《いやし》くも仁に志せば、悪《あ》しきこと無し」《里仁第四》

〔本当に仁にさえ志していれば、悪の芽生える心配はない〕

と言っています。すなわち、仁徳を備えた人こそがはじめて人としての価値があると言うことができるのです。

また、東アジアの各国が孔子思想から受けた影響はまことに大きなもので、これはどの程度か計ることができませんが、今日、東アジアの各国が孔子思想の影響を大きく受けた結果、その国民は勤勉で忠実な国民性を発揮し、政治や経済、文化のあらゆる面で奇跡を生みだし、世界から称賛を受けましたが、これも正しく孔子思想の具体的実践の表れです。

（一九八七年九月二十七日、第十六回台北孔子生誕祭参列研修旅行での記念講演）

孔徳成氏の「書」

孔徳成氏は、昭和 32 年〔1957〕10 月の初来日から平成 18 年〔2006〕11 月まで、実に 19 回にわたり廣池学園およびモラロジー研究所を訪れました。

孔徳成氏は半世紀にわたって台湾大学等で「三礼研究」「金文研究」「殷周《いんしゅう》青銅《せいどう》彝器《いき》研究」を講じた学術界の権威であり、著名な書道家でもありました。16 歳のときの「日孜孜」をはじめ、ご来訪のたびに揮毫《きごう》された書の数々をご紹介します。

日孜孜　日《ひ》びに孜孜《しし》（『書経』虞書《ぐしょ》・益稷《えきしょく》）

自分の任務に努めて、怠りなく励む。（昭和 10 年〔1935〕11 月）

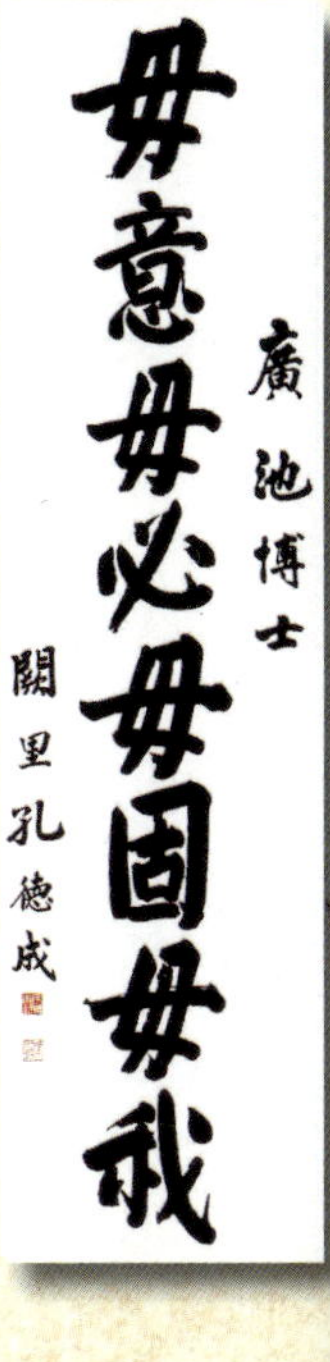

毋意毋必毋固毋我

意《い》なく必《ひつ》なく固《こ》なく我《が》なし

（『論語』子罕第九）

自分勝手な考えを持たず、無理押しをせず、頑固に固執しすぎない、自分の主観のみで物事にあたらない。

（昭和十年〔一九三五〕十一月）

桃李芬芳

桃李芬芳《とうりふんぽう》

桃やすももは何も言わないが、優秀な人材が門下に続々と集まり、名声はおおいに高まっていくであろう。

（昭和五十年〔一九七五〕十月九日）

東辟琳琅　辛未六月参観麗澤大学新建図書館特此留念

東辟《とうへき》に琳琅《りんろう》

日本の地にすばらしい書籍に満ちた図書館が完成した。

（平成3年〔1991〕6月23日）

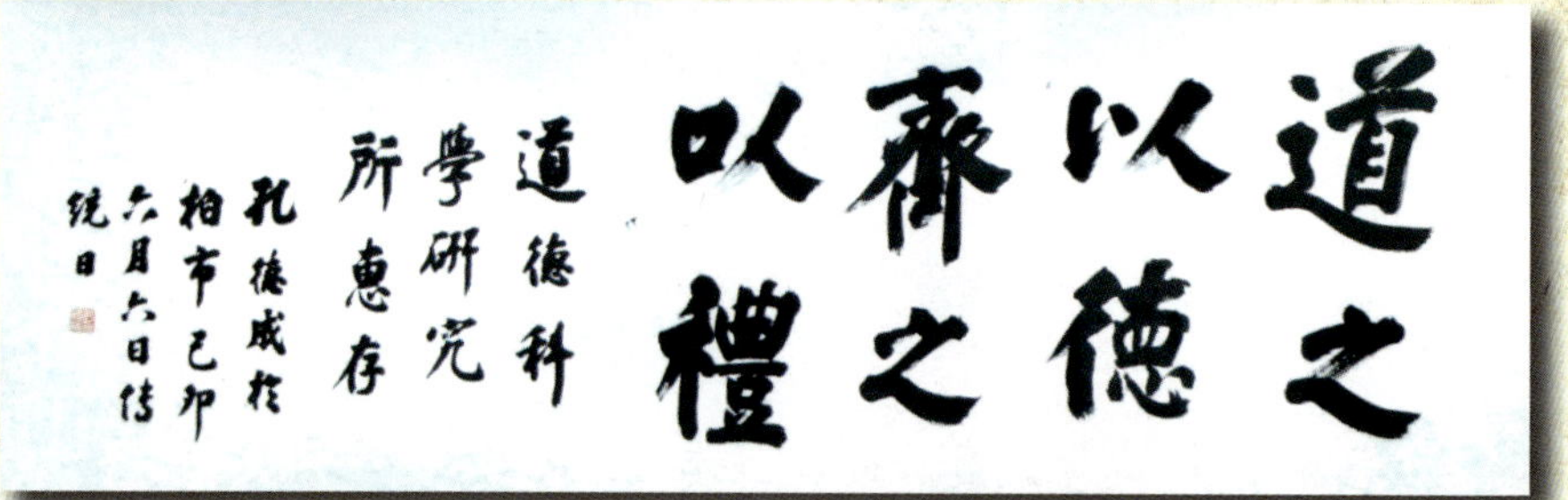

道之
以徳
齊之
以禮

之《これ》を道《みち》びくに徳を以《もっ》てし、
之を斉《ととの》うるに礼を以てす

（『論語』為政第二）

民を導き治めるには道徳で誘導し、民をまとめるのに礼を行きわたらせば、皆正しい道を歩むようになる。

（平成十一年〔一九九九〕六月六日）

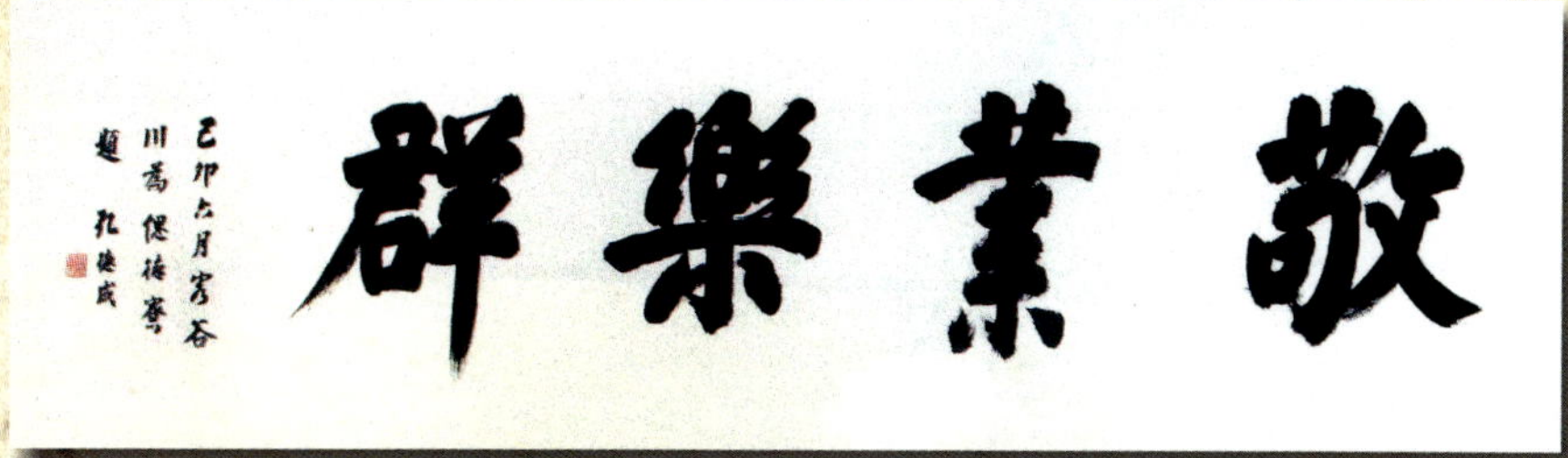

敬業楽群

業《ぎょう》を敬《けい》し群《ぐん》を楽しむ　（『礼記』学記）

学業の優れた者を尊敬し、朋友との交際を楽しみ学問を磨く。

（平成 11 年〔1999〕6 月 4 日）

言忠信行篤敬

言忠信《げんちゅうしん》にして、行《おこな》い篤敬《とくけい》　（『論語』衛霊公第十五）

言葉は誠実で信用がおけ、行動はまじめで鄭重《ていちょう》で慎《つつし》み深くなければならない。

（平成 13 年〔2001〕6 月 2 日）

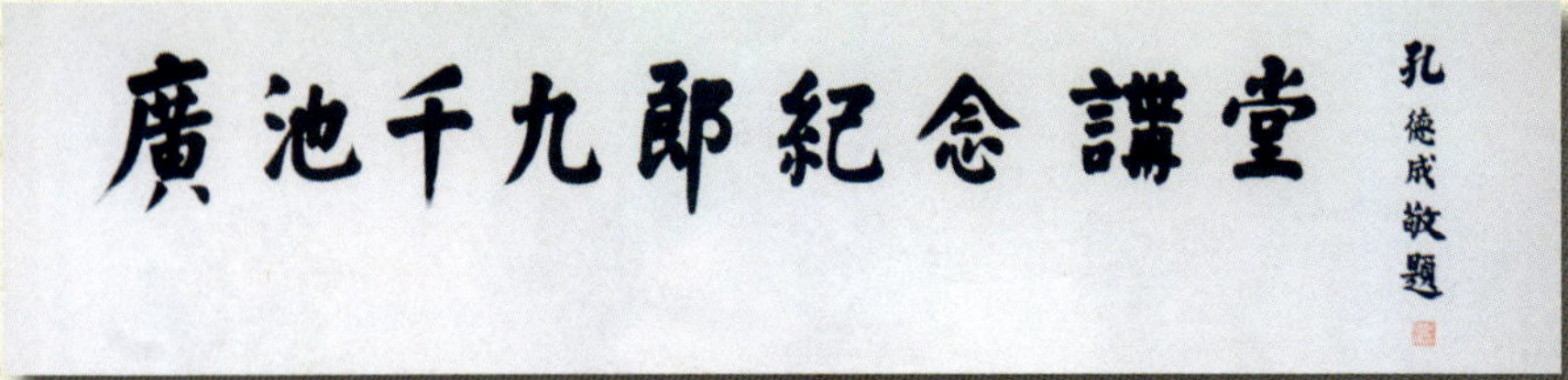

廣池千九郎紀念講堂

「廣池千九郎記念講堂」落成記念にあたっての揮毫。記念講堂正面の石碑に刻まれている。

「心に記して忘れない」という意の「紀念」の字で記されている。

（平成15年〔2003〕5月8日）

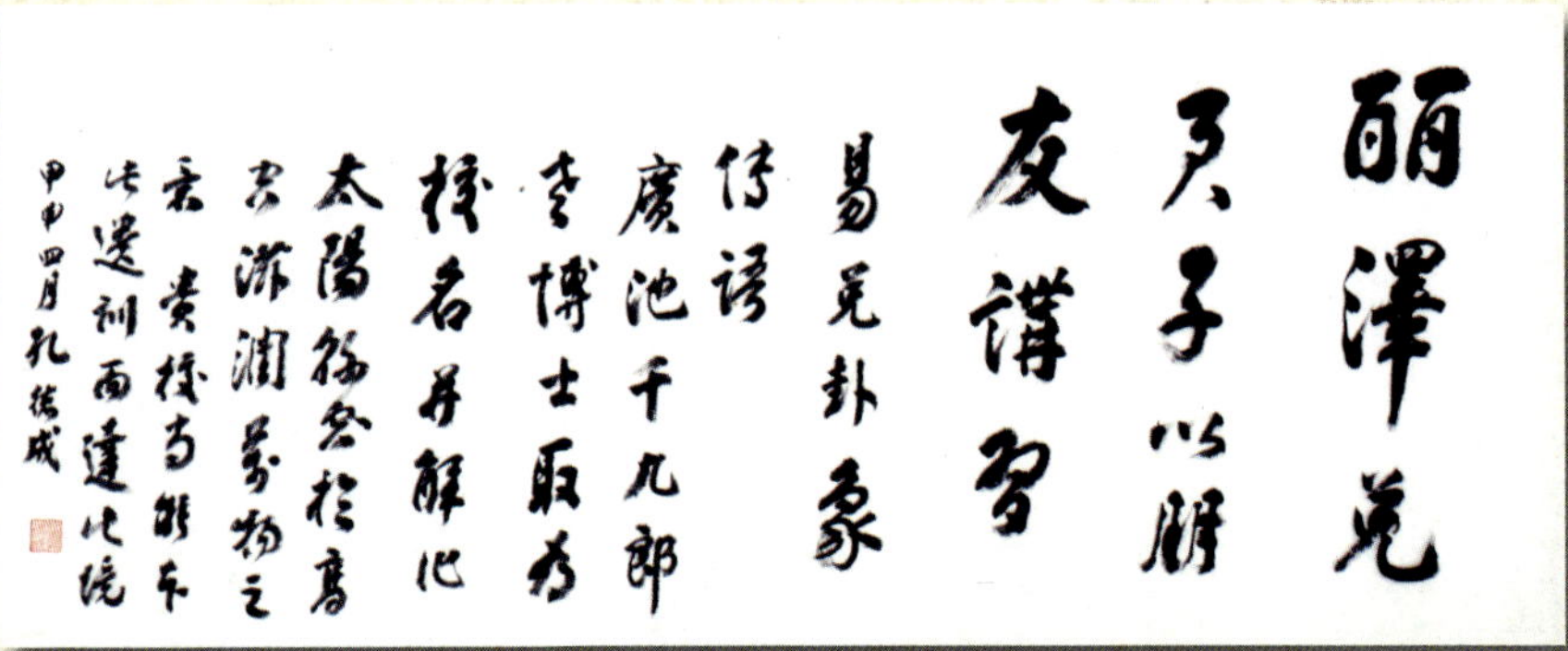

麗澤兌
君子以朋
友講習
『易』兌象傳語
廣池千九郎老博士
取爲校名并解化
太陽懸置於高空滋潤萬物之意
貴校當能本此遺訓而達此境

麗《つ》ける澤《さわ》は兌《よろこ》びなり、
君子以って朋友《ほうゆう》と講習す
（『易経』兌象伝）

廣池千九郎老博士は「並んでいる沢が互いに潤し合う姿は喜ばしい。立派な人間になろうとする者が志を同じくする友と切磋琢磨する姿は素晴らしい」の句を引用され、校名とし、この句の精神を「太陽が大空にあって、万物を恵み潤している」と解釈しておられます。廣池博士のご遺志を受け継いで「万物を恵み潤す」の境地に到達されんことを願ってやまない、という意を記されている。

（平成十六年〔二〇〇四〕四月二日）

「孝」の本質

「孝」という文字は甲骨文（亀甲や獣骨に刻まれた殷代の象形文字）には見られません。金文（青銅器などの金属器に刻まれた文字・文章。特に殷・周代の青銅器の銘文をいう）の資料でこれを証明しますと、その本来の意義は仕事には敬いの心であたることや目上の人を尊敬することなどを指し、その対象は直系の親族とは限られていませんでした。ただ『詩経』『書経』『論語』『孟子』などで述べられている「孝」の多くは焦点が直系尊属に当てられていて、「敬（尊敬）」「恒《こう》（変わらぬ心）」と言われるものを「孝」の本質としています。後に、儒教では親子関係を五倫（人としての正しい道の五項目）の要としています。

『孟子』《滕文公章句上《とうぶんこうしょうくじょう》》には、

「父子親《ふししん》有り。君臣義有り。夫婦別有り。長幼《ちょうよう》序有り。朋友信有り」

〔父と子の間には、親愛の情があって、父は子に対して「慈」、子は父に対して「孝」がある。君臣には上下の正しい秩序があり、君は臣に対して「礼」、臣は君に対して「忠」であるべきである。夫と妻の間には、それぞれ役割の区別がある。夫は外における務め、妻は内における務めがある。長幼の間には、年長者を先にし、幼者は後にする順序がある。友人の間には信頼があり、言行一致が求められる」

とあり、孔孟の教えが押し広められることにより、ついにはほとんど徳目の中に含まれるようになり、こうして『孝経』や『大戴礼記《だたいらいき》』《曽子大孝《そうしたいこう》》といった書が著されました。

さて、孝道の意義については、先秦時代において、その変化と拡大の事実がありますが、以下の三節に分けて述べます。

一　「孝」の本義

「孝」という文字は甲骨文の中には見られなかったと申し上げましたが、これは殷商《いんしょう》（殷の王朝、約前一七〇〇年～前一一〇〇年）の時代には孝という観念がいまだ成熟していなかったので、使われていなかったと思われます。なお、『管子《かんし》』《枢言《すうげん》》、『荀子《じゅんし》』《性悪》、『史記』《陳丞相世家《ちんじょうしょうせいか》》などの殷・高宗武丁に関する記述に「孝」の文字が見られますが、これらの資料は後年のものであり、殷王朝時代に「孝」の文字が使われていたという証拠にはなりません。しかし、周代（前一〇五〇年頃～前二五六年）に入りますと、文献からはたびたび見いだすことができます。

「孝」の字義

そこで「孝」という文字が持つ概念を究めようとしますと、その文字の分析から手をつける必要があります。まず『説文解字《せつもんかいじ》』（後漢時代の許慎《きょしん》が一〇〇年頃に著した書。漢字の成り立ちを解説した文字学の原典）には、次のようにあります。

第25回孔子生誕祭の前日、孔徳成氏による講演
（平成８年〔1996〕９月27日）

「孝は善く父母に事《つか》うる者。老の省《はぶ》くに従い子に従う、子、老を承《う》くるなり」

〔孝はよく父母に仕える者。「老」の省略形と「子」からなり、「子」が「老」を助けるという意〕

許慎は「老の省くに従い子に従う」の会意（二字以上の漢字を組み合わせて、同時に意味を合わせて一字の漢字とする）として「孝」の字を説明していますが、これは学者が疑問視しているところです。そもそも「老」という字は、許慎によれば、「人」「毛」「匕《ひ》」（変化する意）との合字で、人の容貌が変化する意から、人が老いて髪が白く変わることを指しており、決して父母だけを指しているのではありません。この疑問については、馬敘倫《ばじょりん》

（北京大学教授、一八八四～一九七〇）の説に代表されますが、それは次のようです。

「善く父母に事える者は、もとより本来の意味ではなく、字もまた『子』から成り立つものでもない。そもそも、『人』と『毛』と『匕』から『老』となるのであって、『子』という字と『老』の省略形が『孝』となるという会意の説は、似て非なるものである。各部分の字の本義についてこれを言えば、『老』は父母の専称ではないし、『子』も子女を表す決まった名称でもない。これは、それぞれの意味を広く解釈するか、仮借（同音・類似音の字を借用した字）の意味を用いて、会意の字を作ったものであって、会意文字の原則に背いている」（『読金器刻詞《どくきんきこくし》』北京中華書局）

次に、呉大澂《ごだいちょう》（清末の政治家、金石学者、一八三五～一九〇二）は小篆《しょうてん》（漢字の古書体の一つ）の見地から、「老」を構成している種々の字は、「父」から成っているとし、次のように述べています。

「孝は、子が父を助けており、父と子から構成され、ちょうど父子が頼り合っているような形になっている。そして『老』（おいる）『耇《こう》』（おいる）『壽』（長生きする）『考』（長生きする）などの部首は、『父』から成り立っている。その後、長い年月を経て本来の意味が失われたが、なお一、二は証明が可能である」（『説文古籀補《せつもんこちゅうほ》』芸文印書館）

しかしながら、このように種々の古文字を証拠立ててみると、「老」「耇」などの文字は、どう見ても「毛」から成っており、「父」の字から成っているものではありません。ですから、呉大澂の説はよく考えられていますが、結局は学者に受け入れられるには至りませんでした。

金文に見られる「孝」

また、張日昇《ちょうじつしょう》は金文の字形から、この「孝」の字について、次のように述べています。

「老人が子供に寄りかかったような形とも見てとれる。父子とは相対の語であり、字形は『子』から成っており、『父』からは成り立っていない。意味からみても、それで十分である。かつ、孝の本来の意義は、おそらく父母に限られるものではなく、父母の親戚にもよく仕えなくてはならないという意味を持っている。故に、白髪を戴き、背をかがめた老人から成っているのであって、必ずしも『父』の字から成り立ってはいないことになる。一族の老人を助けることに照らしてみると、これが『孝』の一番の字義であると言える」（『金文詁林《きんぶんこりん》』《「孝」の項》中文出版社）

張氏の言う「孝」の本義は、その対象を父母には限定せず、一族中の老人をも含んでいるということは、金文に照らして考えても、その説は大いに信用できるもので、［郜遣簋《じけんき》］（『三代吉金文存《さんだいきっきんぶんそん》』《巻八》羅振玉《らしんぎょく》編に見られる。以下［　］は金文に刻された銘文名を指す）には、次のようにあります。

「用追孝于父母」（追孝を父母に用う）

〔亡くなった父母の霊によく仕える〕

また［中師父鼎《ちゅうしふてい》］（『三代吉金文存』《巻四》）には、

「其用享用孝于皇祖帝考」（その皇祖帝考に享孝を用う）

〔祭祀を執り行い、お仕えをするのは、祖先や亡父に対してである〕

とあり、直系の親族を尊ぶことを指しています。また、「師器父鼎《しきふてい》」（『三代吉金文存』《巻四》）および「曼龔父盨《まんきょうふしゅ》」（『三代吉金文存』《巻十》）にも、

「用享孝宗室」（宗室に享孝を用う）

〔祭祀を執り行い、お仕えをするのは、祖先の御霊屋《みたまや》である〕

とあり、「辛中姫鼎《しんちゅうきてい》」（『三代吉金文存』《巻三》）には、

「其子子孫孫用享孝于宗老」（その子子孫孫享孝を宗老に用う）

〔子子孫孫にわたって、祭祀を執り行い、お仕えをするのは、一族の長に対してである〕

とあり、これは直系の目上の人に対してとは限られていないようです。次に、「殳季良父壺《しゅきりょうふこ》」（『三代吉金文存』《巻十二》に見られる）には、次のようにあります。

「用享孝于兄弟婚媾《こんこう》諸老」（兄弟婚媾諸老に享孝を用う）

〔祭祀を執り行い、お仕えをするのは、兄弟が婚姻した親族、諸老に対してである〕

このように、祭祀を執り行い、お仕えをする範囲は、兄弟の姻戚関係にまで及んでいます。こうしたことから、「孝」の本義を見ますと、その表すところは敬老を指していると言えます。そして、とりわけその直系の目上の人には、当然、敬いの心で対応するのですが、後世で使われる「孝」は、焦点の多くが父母に集中するようになっていったのです。

第25回台北孔子生誕祭参列旅行団（平成８年〔1996〕９月27日）

二　「孝」の本質

「孝」の実行は、「能く養う」ということが基本条件になります。ですから、『礼記《らいき》』《祭統《さいとう》第二十五》では「孝とは畜《ちく》なり」〔孝とは養うことである〕と述べられています。しかし、この「能く養う」ということは、孝の基本条件ではありますが、決して十分条件というわけではありません。ですから儒学者は「敬」と「恒」をも含めて、その本質としているのです。『論語』《為政《いせい》第二》には、次のようにあります。

「子游《しゆう》孝を問う。子曰く、今の孝なる者は、是れ能《よ》く養うを謂う。犬馬に至るまで、皆能く養うこと有り。敬せずんば、何を以て別《わか》たんや」

〔弟子の子游が「孝とは何でしょうか」と孔子

に質問した。孔子は「今の孝はただ物質的に親を養っていることで孝行としているが、しかし、人は犬や馬も養っているではないか。養う対象が人と犬馬の違いは、そこに敬う気持ちがあるかないかの違いである」と教え導いた〕

また、同じく《為政第二》に、

「子夏《しか》、孝を問う。子曰く、色難《いろかた》し。事有れば、弟子《ていし》其の労に服し、酒食有れば先生饌《せん》す。曾《すなわ》ち是《これ》を以て孝と為す」

〔弟子の子夏が孝とは、どのようなものかについて尋ねた。孔子は「親に仕えるにあたっては、穏やかで楽しそうな顔つきで接し、親に喜んでいただくことが大切だ。ただ、この穏やかで楽しそうな表情が難しいことだ」と答えた。そして「用事があれば親に代わって仕事をしたり、酒食があれば先輩に差し上げたり、こんなことだけで親孝行と言えるだろうか。食事や身の回りの世話をすることも大切だが、細やかな気配りこそ大切だ」と教え諭した〕

とあります。そもそも礼の道を行うには、あらゆる面でその根本を重んじる必要があり、敬の心をもってすることが養うことです。ですから養うことがすなわち敬というわけではありません。孝行は敬をもってその前提とする以上は、あるときは自己の意志を曲げてでも逆らわないという態度が必要で、その上、敬いの態度を表すべきですから、どうして単に顔色が難しいとだけ言っておれましょうか。

故に《里仁《りじん》第四》では、孔子は以下のように言っています。

「父母に事《つか》えては幾諫《きかん》す。志《こころざし》の従わざるを見ては、又敬して違《たが》わず、労して怨《うら》みず」

〔父母に仕えて、万一、親に悪いところを認めた場合は、子としては、心穏やかにして、遠まわしにそれとなく諫めるとよい。そうして、父母の気持ちがこちらの言葉に従い、そうでもない場合は、さらにもう一度、あくまでも敬い慎み深くして、父母の気持ちに強《し》いて逆らわないこと。また、父母から用事を課せられても、心安らかに従い、決して怨みがましい態度、嫌そうな様子を見せてはいけない〕

また、《為政第二》には、次のようにあります。

「孟懿子《もういし》、孝を問う。子曰く、違《たが》うこと無《な》かれ。樊遅御《はんちぎょ》す。子之《し》に告げて曰く、孟孫孝を我に問う。我対《こた》えて曰く、違うこと無かれ。樊遅曰く、何の謂いぞや。子曰く、生けるときは之に事うるに礼を以てし、死せるときは之を葬るに礼を以てし、之を祭るに礼を以てす」

〔魯国の重臣・孟懿子が親孝行について質問した。孔子は「礼の意味を取り違えないようにしてください」とだけ答えた。孔子は帰り道、御者の役目についた弟子の樊遅に語りかけた。「先ほど、孟孫（孟懿子）に、孝行とは何か、と問われたので、取り違えないようにしてください、とだけ答えた」。樊遅は意味が分からず「どのような意味でしょうか」と尋ね直したところ、孔子は「親の生存中は礼によって仕え、親が亡くなったときは礼によって葬る。亡くなった後も礼によってお祭りをすることが大切だ。礼の道を誤らないようにすることだ」と教え導いた」

孔子が論じたところによりますと、孝行をするということは、父母が存命中のときは「敬して違わず」（尊敬を払って取り違えない）というだけでなく、父母が亡くなってからも、尊敬の心持ちで葬祭、法要を執り行う必要があるのです。そして、このような精神は時間が経過したからといって変わるものではありません。これがすなわち、前述した「恒」ということなのです。ですから《学而第一《がくじ》》には、曽子の言葉として、

「曽子《そうし》曰く、終わりを慎み、遠きを追えば、民の徳厚きに帰す」

〔弟子の曽子は「上に立つ人が父母の死に際して、慎重に手厚く行い、先祖の祭祀も鄭重に行えば、一般の人たちも感化されて、情に篤く誠実になっていくものだ」と述べた〕

とあります。また、《泰伯《たいはく》第八》にも、次のようにあります。

「曽子、疾《やまい》有り。門弟子《もんていし》を召して曰く、予《わ》が足を啓《ひら》け、予が手を啓け。詩に云う、『戦戦《せんせん》兢兢《きょうきょう》として、深淵《しんえん》に臨むが如く、薄氷《はくひょう》を履《ふ》むが如し』。而今《じこん》にして後、吾免るることを知るかな、小子《しょうし》」

〔曽子が危篤になったとき、弟子たちを呼び集めた。そして、夜具を開いて「私の足を見よ、私の手を見よ。どこにも傷跡はないはずだ。『詩経』に、私は『びくびくとして、深い淵をのぞき込むかのように、薄い氷を恐る恐る踏むかのように』とあるが、今まで注意深く私の体を大切に

守ってきた。今こうして父母からもらった体を完全に保って死んでいくが、これから先は己の体を傷つけるという心配から解放されるのだ。若者たちよ」〕

『孟子』《万章《ばんしょう》章句上《しょうくじょう》》には、

「大孝《たいこう》は終身父母を慕う」

〔真に孝行をする人のみが、一生涯父母を慕うものである〕

また、『大戴礼記《だたいらいき》』《曽子大孝第五十二《そうしたいこう》》では、

「身なる者は、親の遺体なり。親の遺体を行う。敢て敬《つつし》まざらんや」

〔自分の体は父母があってのものだから、親の遺してくれた体である。親の遺してくれた体があって、はじめて自分の体を動かせるのであるから、どんなことがあっても敬いの心を忘れてはならない〕

とあります。そもそも孝行をするということは、必ず敬いの心を持ち、かつ不変で長続きでなければなりません。そうでなければ、その結果は父母に対して辱《はずかし》めを残すだけであって、決して孝と言えるものではありません。同じく《曽子大孝第五十二》にも、次のようにあります。

「民の本教《ほんきょう》を孝と曰《い》い、其の之を行うを養《よう》と曰う。養は能くすべきなり。敬を難《かた》しと為す。敬は能くすべきなり。安んずるを難しと為す。安んずるを能くすべきなり。久しきを難しと為す。久しきは能くすべきなり。卒《お》わるを難しと為す」

〔民にとって根本的な教えを孝という。教えを実行することを養という。親に仕える養は着るものや食事にも気を配り、常に安否を気遣うものであるから、精一杯力を尽くして努めねばならない。尊敬の心は親に仕える孝の根本であるから、最も難しいことである。それだけにこの尊敬の心を表すために心を尽くして努力しなければならない。親に安心の気持ちを持ってもらうことは、たいへん難しいことである。それだけに心を込めて努力しなければならない。長い期間にわたって孝を成し遂げようということは非常に難しいことである。それだけに孝を実行するにあたっては長続きするよう努力すべきである。生の終わりを心安らかに全うしてもらうことは容易なことではない〕

以上のように、長続きして、よく終わりを全うしてもらう、これこそが変わらぬ心の「恒」なのです。

三　孝道の意義とその拡大

「孝」とは身近なものであり日常的に行う行為ですが、孔子門下の学者たちは、孔子が提唱し、諸々の糸口を引き出したものの中から見いだした到達点です。そして、それが孝は百善の端緒となって、

「仁は人なり。親を親しむを大なりと為す」『中庸』《第二十章》

〔仁の意義は人である。すなわち人に対する道徳である。人に対する道徳の中では、我が親族を親愛することが最も重大なことである〕

「孝は礼の始めなり」『春秋左氏伝』《文公《ぶんこう》二年》

〔供え物をして祖先を祭ることが孝である。孝というものは、礼の根本である〕

に始まり、最終的にはこれを派生拡大させ、徳目にはほとんど含まれないものはないというようになり、その書物としては『孝経《こうきょう》』『大戴礼記』といったものが代表されるようになりました。そこで、『大戴礼記』《曽子大孝第五十二》によりますと、

「居処荘《きょしょそう》ならざるは、孝に非ざるなり。君に事《つか》えて忠ならざるは、孝に非ざるなり。官に涖《のぞ》みて敬《つつし》まざるは、孝に非ざるなり。朋友《ほうゆう》に信ならざるは、孝に非ざるなり。戦陣《せんじん》に勇無きは、孝に非ざるなり。五者遂《と》げざれば、災い身に及ぶ。敢て敬まざらんや」

〔立ち振る舞いは厳かで威厳がなければ、孝ということはできない。君に仕えて真心を尽くさなければ、孝ということはできない。官吏として仕事に慎み深さがないようでは、孝ということはできない。朋友と交わって信頼を欠くようなことがあっては、孝ということはできない。戦陣にあって恐れおののき、勇に欠けるところがあっては、孝ということはできない。以上の五つのことを十分に果たすことができなかったら、災いは自分自身に及んでくるのである。故に、どのようなことがあっても敬いの心を持って行動しなくてはならない〕

とあります。
このように「荘」（厳《おごそ》か）、「忠」（真心）、「敬」（慎む）、「信」（信頼）、「勇」（勇気）の五つを孝行の条件としていますが、これは孝の意義の中でも、孔子や孟子も論じている比較的広範なものです。そして、『孝経』と『大戴礼記』〈曾子大孝〉を比較しますと、また拡大されているのです。孔子と曾子の問答が記録された『孝経《こうきょう》』《開宗明義章《かいそうめいぎしょう》第一》には、次のようにあります。

「身体髪膚《はっぷ》、之を父母に受く。敢て毀傷《きしょう》せざるは、孝の始めなり。身を立て道を行い、名を後世に揚げ、以て父母を顕《あら》わすは、孝の終わりなり。夫《そ》れ孝は親に事うるに始まり、君に事うるに中《ちゅう》し、身を立つるに終わる」

〔自分の体は両手、両足をはじめ髪の毛一筋、皮膚の一片に至るまで、すべて父母からいただいた大切なものである。この大切な体をよく守って、少しも傷つけないように心がけるのが親孝行の出発点である。人として立派に成長し、正しい道を歩み、その名声を広く行き渡らせ、誰々さんは誰々の子供だよ、と父母の名を世間に広く光り輝かせることが、孝行の最終点というものである。そもそも孝行とは、親に真心をもって仕えることから始まり、仕事について上司に仕えることが中間で、成功し立派な人物になることで孝が成し遂げられるのである〕

まさしく「孝」は、全ての人の一生にあって、最も重要なことであると言えます。それゆえに、天子の孝を論じたものとして、『孝経』《天子章第二》には、

「**敬愛親に事うるに尽くして、然る後徳教《とくきょう》百姓《ひゃくせい》に加わり、四海に刑《のっと》る**」

〔両親に仕えるにあたって、愛情と尊敬の心が多くの人々から出るようになれば、そのことで道徳的に教え導かれ広く万民に行き渡るようになり、四方の国々まで広くこれを手本とするようになる〕

また、諸侯の孝を論じたものとして、『孝経』《諸侯章第三》には、

「**上《かみ》に居て驕《おご》らざれば、高くして危うからず。節を制し度を謹めば、満ちて溢《あふ》れず**」

〔指導者として高い地位に昇っても、驕り高ぶったり、不遜な態度で臨んだり、また他人を見くびるようなことをしなければ、高い地位に就いていても、不信を招き、ついには国をも滅ぼすような危険な目に遭うことはない。公的な財産を取り扱うにあたっては、周囲の状況を明確に見極め、そして程よく切り盛りし、限度をわきまえ慎み深く対応すれば、国の財産は常に満ち足りて、幸福が続くのである。これが諸侯が尽くすべき孝道である〕

とあります。また卿大夫《けいたいふ》（国政を司る最高位の者）の孝を論じたものとして、『孝経』《卿大夫章第四》には、

「**法に非ざれば言わず、道に非ざれば行わず**」

〔礼法の義に適っていなければ、決して何も言ってもいけない。道に適っていなければ、何も行ってはならない。これが卿大夫の孝道である〕

士人（天子や諸侯の臣で、卿や大夫の次に位する者）の孝を論じたものとして、『孝経』《士章第五》には、

「敬を以て長に事うればすなわち順なり。忠順失わず、以てその上《かみ》に事う。しかる後よくその禄《ろく》位《い》を保ち、その祭祀を守る。けだし士の孝なり」

〔忠誠と従順の心を失わないように心掛け、その心で君主をはじめ目上の人に仕えなければならない。そのような心持ちでいることで、自己の職分が全うでき、地位財産が保たれる。また、祖先の祭祀を子孫にまで絶やすことなく護り続けることができる。これが士の孝行である〕

とあり、一般の人たちの孝を論じたものとして、『孝経』《庶人章《しょじんしょう》第六》には、次のようにあります。

「身を謹み用を節し、以て父母を養う」

〔仕事をするにあたっては、自身の振る舞いを慎み、倹約に努め、父母への孝養を怠らないことが大切である。これが一般の人々の孝行である〕

以上のように、あらゆる美徳を論じる場合には、すべてこの「孝」から出発しなくてはなりません。ですから、この「孝」は、ほとんど孔子が言うところの「仁」と同様であり、すべての美徳の融合体と言えるのです。

（一九九六年九月二十七日、第二十五回台北孔子生誕祭参列研修旅行での記念講演）

儒家の「伝統」観念

はじめに

本日の講演テーマは、儒家の「伝統」観念についてです。廣池千九郎博士の伝統についての研究は、中国の儒家にとどまらず、世界中の最も優秀な思想にまで及んでおりますが、ここでは中国の儒家に関しての一部を取り上げ、お話しいたします。

おおよそいずれの民族、国家もそれぞれに「伝統」を持っています。もし、その民族、国家を永くこの宇宙空間に存続させようとするなら、必ずやその伝統を保持しなければなりません。また、一方では常に他の民族、国家から進んだ文明を吸収する必要があります。その伝統を保持するためには、よく最高の智慧を発揮させなければならず、かつ人道に合致する最良の文明を発展させなければなりません。そして、これらを融合し拡大させることができたならば、いかなるとき、いかなる場も問わず、この民族、国家は滅亡することなく永遠に発展することができるでしょう。

一　中国儒家の「伝統」観念

まず、中国儒家の「伝統」に関する観念についてお話しします。中国の先秦時代、とりわけ春秋から戦国時代にかけて、その頃は百家の学説が次々と興り、まさしく燦然《さんぜん》と輝いた一時期でした。しかし、そうした中にあって儒家の学派は、新たに独自の論を打ち立てることなく、従来の伝統を押し広め、それらに新しい意義を与えることに重きを置きました。それは孔子が、

「述べて作らず」『論語』《述而《じゅつじ》第七》
〔古人の遺した教えを祖述はするが、自ら新しい説を創作することはしない〕

と述べられていることからも分かります。そして、そこでは伝統的な教材が用いられました。ですから、

「子の雅言《がげん》する所は、詩・書。執禮《しつれい》は皆雅言なり」《述而第七》

〔孔子は『詩経』と『書経』を正しい発音で読んだ。礼を執り行うときも正しい音で読むなど、古典を尊重した〕

とあります。

また、「義」を拠り所にして、

「適《てき》も無く、莫《ばく》も無く、義と与《とも》に比《ひ》す」《里仁《りじん》第四》

〔是非ともこうしなければならない、と主観的に好悪を持つことなく、ただその場面に適合した、正しい道筋に従っていくのみである〕

モラロジー研究所「伝統の日」で「儒家の『伝統』観念」と題して特別講演をされる孔徳成氏
（平成11年〔1999〕6月6日）

と述べられています。そして、孔子自身が理想とした進歩した周代〈前一〇五〇年頃～前二五六年〉の文明を賛美し、

「周は二代に監《かんが》みる。郁郁乎《いくいくこ》として文なるかな。吾は周に従わん」《八佾《はちいつ》第三》

〈周王朝は周に先だつ夏・殷王朝の文明を手本として作られている。この美しく盛大な周王朝の文明を優れたものとして、私はそれに従おう〉

と述べられています。これは前の時代の長所を認め、それを受け入れたということです。その現れとして、

「顔淵邦《がんえんくに》を為《おさ》めんことを問う。子曰く、夏《か》の時を行い、殷《いん》の輅《ろ》に乗り、周の冕《べん》を服す。樂は則ち韶舞《しょうぶ》」《衛霊公《えいれいこう》第十五》

〈弟子の顔淵が政治の在り方を孔子に尋ねた。孔子は「暦は夏王朝のものを使いなさい。車は殷王朝のものが実用的でよい。冠《かんむり》は周王朝の整ったものを付け、音楽は舜帝の時代の韶の舞楽がよいだろう」と答えた〉

とありますが、これは孔子が伝統を祖述する一方で、歴代王朝の長所を取り入れるという、融通性を示したものだと言えます。

さて、伝統を継承していくには、個人の品性修養と政治面での道徳性が重要な要素となります。そこで、孔子の学説の中から個人の品性修養に必要な、「仁」を取り上げたいと思います。『論語』では

四百九十九章中、「仁」について論じられている箇所は五十八章あり、「仁」という文字は百五か所で使われています。今まで述べた史料と次に述べる「仁」についてのいくつかの記述で、儒家の考えの一端がお分かりいただけると思います。

二　個人の品徳

まず、『論語』から個人の品徳、つまり、「仁」についての記述の一部を列挙します。

愛「**樊遅《はんち》仁を問う。子曰《し》く、人を愛す**」《顔淵《がんえん》第十二》

〈弟子の樊遅が、「仁とはどのようなものでしょうか」と孔子に質問した。孔子は「人を愛することだ」と答えた〉

孝「**夫《そ》れ三年の喪は天下の通喪《つうそう》なり。予《よ》（宰我《さいが》の名）や、三年の愛その父母に有るか**」《陽貨《ようか》第十七》

〈「そもそもあらゆる階級に通じる三年の喪が定められているのに、弟子の宰我は守る必要がないと言うが、宰我には父母から愛情を受けたことが無かったのであろうか」と孔子は嘆いた〉

礼「**己に克《か》ちて礼に復《かえ》るを仁と為す**」《顔淵第十二》

〈自分の欲望に打ち勝って、いかなる場合でも、礼という社会的規範に基づいた行動をとること

が仁である〕

恕　**「己の欲せざる所、人に施すこと勿れ」**《顔淵第十二・衛霊公第十五》

〔自分が他人からされたくないようなことを、他人に対してしてはいけない〕

忠　**「人と忠なり」**《子路《しろ》第十三》

〔どんな人に対しても誠実でありなさい〕

「君は臣を使うに礼を以てし、臣は君に事《つか》うるに忠を以てす」《八佾第三》

〔地位の上の人が下位の人を使うときは、礼の心で使いなさい。下位の人は地位の上の人に仕えるときは真心をもって仕えなさい〕

恭《きょう》・寛・信・敏・恵

「能《よ》く五の者を天下に行うを仁と為す。曰く、恭・寛・信・敏・恵なり」《陽貨第十七》

〔五つのことを立派に実行していくことが仁である。それは自分自身に慎みがあること、他人には寛大なこと、信義を守って信頼を得ること、事を処するときは機敏なこと、上に立てば恵み深いことである〕

恭　**「居《お》る処に恭」**《子路第十三》

〔日常生活の中では、恭しくすることを忘れてはならない〕

敬　**「事を執りては敬」**《子路第十三》

〔どんな仕事のときでも、慎み深く働きなさい〕

勇　「仁者は必ず勇有り」《憲問《けんもん》第十四》

〔仁徳のある人は、必ず勇気を持っている〕

学　「博《ひろ》く学びて篤《あつ》く志し、切《せつ》に問いて近く思えば、仁其の中に在り」《子張《しちょう》第十九》

〔学問をするには、まず広く学ばなくてはならない。そして学んだことをしっかりと記憶し、十分に理解できないところは熱心に問いただし、身近な問題から考えていく。仁というのはそうした過程の中にあるものだ〕

以上のように、仁とはいろいろな道徳の中の一つということではなく、ここに列挙しました「愛」「孝」「礼」「恕」「忠」「恭・寛・信・敏・恵」「恭」「敬」「勇」「学」など、全道徳の総称であると言うことができます。

三　政治について

次に政治についてお話しします。

春秋時代の列国の興亡を描いた『春秋左氏伝』《襄公《じょうこう》三十一年》に、

「鄭子産《ていしさん》曰く、其の善しとする所の者は、吾則ち之を行い、其の悪《あ》しとする所の者は、吾則ち之

を改めん」

〔鄭国の重臣・子産は「みんなが良いということは実行し、悪いとされるところは改める。こうすることでみんなの批判を私の師とすることができる」と語った〕

とありますが、孔子はこのような子産の態度は仁であると評価しました。

一方、『論語』《衛霊公第十五》には、

「臧文仲《ぞうぶんちゅう》は其れ位を窃《ぬす》める者か。柳下恵《りゅうかけい》の賢を知りて、与《とも》に立たざるなり」

〔臧文仲は職責を果たさなかった。それは柳下恵（展禽）のような賢人を抜擢せず、共に政権を担当し良い政治をしようとしなかった〕

とあることや、『春秋左氏伝』《文公《ぶんこう》二年》にも、

「仲尼《ちゅうじ》曰く、臧文仲は、其の不仁なるもの三、……展禽《てんきん》を下し、六関《りくかん》を置き、妾《しょう》、蒲《ほ》を織るは三の不仁なり」

〔仲尼（孔子）は、「魯国の重臣・臧文仲の処置に、不仁な行為が三つあった。……賢者の展禽（柳下恵）を抜擢しなかったこと。六つの関所を設け重税を課したこと（『阮元校勘記《げんげんこうかんき》』では、「廃」は「置」とある）。召使いの女子供にむしろを織らせ、民と利益を争ったこと。これが三つの不仁である」と語った〕

とあります。これらは政治の問題だけでなく経済的な問題をも含んでいますが、孔子は自分本位の政

治、苛酷な政治、民の利益を奪うような行為など、こうした政治のあり方は仁の心がないと批判したわけです。

以上のことから、孔子の考えでは、天下を安定させるための政治的行動、伝統や美しい文化を維持し護《まも》り伝えるための行為も、すばらしい仁徳であると認識していたことが分かります。例えば、《憲問第十四》には、

「管仲《かんちゅう》桓公《かんこう》を相《たす》けて、諸侯に覇《は》たらしめ、一たび天下を匡《ただ》して、民今に至るまで其の賜《たまもの》を受く。管仲微《な》かりせば、吾其れ被髪左衽《ひはつさじん》せん」

〔孔子は、「管仲は桓公の宰相として、桓公を諸侯の覇者として天下を統一させるという功績をあげた。人々は今日に至るまでその管仲の恩恵を受けている。もし管仲がいなかったら、中国は他民族に征服され髪はざんばらで、着物は左前に着るような異民族の風俗にされていただろう」と答えた〕

とあります。管仲は斉の国を守るという政治的な行為を多くしたわけですから、

「其の仁に如《し》かんや。其の仁に如かんや」《憲問第十四》

〔管仲の仁に及ぶものがあろうか、誰がその仁に及ぼうか〕

と、民を大切に守ろうとする為政者の行為も仁と言えるので、管仲を称賛しているのです。

以上、個人の品性修養の「仁」と政治上の「仁」を見てきましたが、孔子の言う「仁」とは、人間

の行為における最高の標準、すべての徳を総称しているものであり、人が人として生きていくための道理を指しているのです。ですから孟子は、

「**仁は人の心なり**」『孟子』《告子章句上《こくししょうくじょう》》

〔仁は人の心に備わっている本来の心である〕

また、

「**仁は、人なり**」『中庸』《第二十章》

〔仁は人の行うべき道である〕

「**仁なる者は、人なり**」『孟子』《尽心章句下《じんしんしょうくげ》》

〔仁は人の人たる徳である〕

と言い表されているのです。

ただし、以下のような理解もしておかなければなりません。《憲問第十四》に、

「**管仲を問う。曰く、人なり**」

〔（孔子は管仲の人物を尋ねられたところ、）孔子は「管仲は人だ」と答えた〕

とする解釈がありますが、この「人」は「仁」でなければなりません。なぜなら、管仲はまさか牛馬ではないのですから、わざわざ、「あれは人だ」といった返答はおかしいわけです。孔子は彼を仁徳のある人だと賛美しているのですから、「仁なり」と書いて「仁徳のある人だ」という解釈でなければ

なりません。

また、《雍也《ようや》第六》にも

「仁者は之に告げて井《せい》に仁有りと曰うと雖《いえど》も、其れ之に従わんか」

〔仁徳ある人が、井戸に仁徳ある人が落ちていると知らされたら、井戸に飛び込んで救うでしょうか〕

とありますが、この「仁」は「人」でなければなりません。井戸に人が落ちたとしますと、我々はすぐに救う手立てを考えます。落ちた人が仁徳ある人なら救い、仁徳のない人なら救わない、といった考えは成り立ちません。校勘学《こうかんがく》（数種の異本を対照・比較して、正確な原本の姿を求めようとする学問）の見地からしましても唐代の『論語』抄本には「仁」と「人」が互いに使われている例が多く見られます。

前にも述べました通り、孔子はすべての道徳を総合したものを「仁」と言っています。仁というのは、自己の修養ばかりでなく、社会や国家に対する道徳でもあるのです。また、どうしてこの仁が総合的で代表的な一字かと申しますと、『孟子』『中庸』に「仁は人なり」とありますように、人に仁徳が備わってこそ、はじめて一人の人と言うことができるからです。言い換えれば、仁徳の心がない人は、人とは言えないとも言えるわけです。

このように孔子の最も主要で基本的な観念である「仁」について話してきましたが、『孟子』『中庸』で見られる仁の解釈からしましても、まさしく孔子の言う本来の意義に合致していることが分かります。

四　孔子以前の「仁」についての歴史的な概念

「仁」という概念は、孔子以前にも多く見られます。中国政治の規範の書とされている『書経』《周書・金縢》には、

「予《われ》仁にして考」

（私は生まれつき仁にして孝である）（「考」は「孝」と考えられる）

また、『詩経』《国風《こくふう》・鄭風《ていふう》・叔于田《しゅくうでん》》には、

「洵《まこと》に美にして且つ仁なり」

（まことに立派で心やさしい）

《国風・斉風《せいふう》・蘆令《ろれい》》には、

「其の人美しく且《また》仁なり」

（あの人は美しく心やさしい）

のように「仁」が「美」で表現されています。

春秋時代の歴史書『国語』には、

「仁は文の愛なり」《周語下《しゅうごげ》》

〈仁は文徳の愛である〉

「仁を為《な》すは、親を愛するを之仁と謂《い》う」《晋語一《しんごいち》》

〈仁を行うとは、親を愛するを仁と言う〉

「慈愛を明らかにして以て之を仁に導く」《楚語上《そごじょう》》

〈慈愛を明らかにして仁へと導く〉

「仁は民を保んずる所以《ゆえん》なり」《周語中》

〈仁は民を養う上での根本である〉

「国を為《おさ》むるは、国を利するを之仁と謂う」《晋語一》

〈国を治めるものは、国の利益になるのを仁と言う〉

「無道を殺して有道を立つるは、仁なり」《晋語三》

〈無法を退け、有道の人を立てるのは仁である〉

などとあります。

また『春秋左氏伝』《僖公《きこう》八年》には、

「子魚《しぎょ》辞して曰く、能く国を以て譲るは、仁孰《いず》れか焉《これ》より大ならん。臣は及ばざるなり」

〈（宋公が子魚〈目夷《もくい》、皇太子・茲父の異母兄〉に国君に立つように命ずると）子魚は辞退して「国を譲り

受けるということは、これよりまさる仁はありません。私にはとても及びません」と国君の地位を辞退した〕

と「譲」についての記述があります。中国では、この「譲」について語られることが多く、孔子は、

「能《よ》く礼譲《れいじょう》を以て国を為《おさ》めんか、何か有らん。能く礼譲を以て国を為めずんば、礼を如何《いかん》せん」《里仁第四》

〔礼儀正しく、譲り合うという礼の根本をわきまえて国を治めるならば、何の困難もなく成功するであろう。反対に、譲り合う精神で国が治められなければ、礼という社会上の規範が整っていても、何の役にも立たないものだ〕

と述べられています。この「譲」は謙譲です。争ってはならないということを述べています。しかし、決してすべての争いがいけないというわけではありません。孔子は次のようにも述べています。

「君子は争う所無し。必ずや射《しゃ》か。揖譲《ゆうじょう》して升《のぼ》り下《くだ》りて飲む。其の争いや君子なり」《八佾第三》

〔君子は何事にも争わないが、あるとすれば弓の争いであろうか。服装を正して互いに譲り合いながら堂を上り下りし、負けた方は罰盃を飲む。その争いは君子的である〕

この争いは限られた範囲内で、道徳的に合った行為の争いであるのです。いずれにしましても、最も重要なことは、我々の日々のすべてに、譲るという観念を必ず持つべきということです。世の中の

すべての人が譲る気持ちを持つことを措いて、お互いに和やかに付き合うための方法がほかにあるでしょうか。ですから「譲」も仁徳の中に包括されるのです。

また、『春秋左氏伝』《僖公三十三年》には、

「門を出でては賓《ひん》の如くし、事を承《う》くること祭りの如くするは、仁の則《そく》なり」

〔一たび家の門を出て、世の人に行き会った場合は、大切なお客に会うときのように丁重で礼儀正しく振る舞うように心がけること、仕事を引き受けた場合は、大切な祭典を執り行うときのように、深く敬いつつ気持ちを込めて働くこと、それが仁を行う法則である〕

と「恭しさ」について述べられていますが、これも「仁」に包括されます。

また、同じく《成公《せいこう》九年》には、「本《もと》に背《そむ》かず」について、

「本に背かざるは、仁なり」

〔根本に背かないのは仁である〕

同じく《昭公《しょうこう》二十年》には、「孝」について、

「無極《むきょく》曰く、奢《しゃ》の子《こ》材あり。若《も》し呉に在らば、必ず楚国を憂《うれ》へしめん。盍《なん》ぞ其の父を免《ゆる》すを以て之を召さざる。彼仁ならば、必ず来たらん。……父を免すの命を聞く、以て之に奔《はし》ること莫《な》かる可《べ》からず。親戚戮《りく》せらる、以て之に報ゆること莫かる可からず。死に奔りて父を免さるるは孝なり」

〔無極（費無忌）が楚国の平王に讒言して言うには「奢（伍奢《ごしゃ》。太子・建の守り役）の息子たち（長男の伍尚《ごしょう》、次男の伍員《ごうん》）は才能があります。もし呉の国に逃れて住むことになったら、きっと楚の国を悩ますことになるでしょう。出頭すれば囚われの身の父親を許すからと呼び出したらいかがでしょうか。彼らは心が優しいから、きっと来ると思われます」……（兄の伍尚は弟の伍員〔子胥〕に）「父を許すという命令を聞いては、嘘と分かっていても、急いで駆けつけなければならない。もし父が殺されたら、どちらかが仇討ちをしなければならない。私が駆けつけて死んだとしても、父を助けるのが孝なのだ」と言って、伍尚だけが父のもとに駆け付けたが、親子は殺され、次男の伍員は呉国に亡命した〕

とあるように、孝も「仁」の一部と言えます。

以上、「仁」についての一部分を簡略に申し述べてきました。孔子以前あるいは孔子と同時期のものを参考にして見ると、孔子の言う「仁」は、これらの影響を受けていることが分かります。孔子は「仁」をもって、道徳上の総合的な名称としてきましたが、歴史上から見ても、すべて伝承されたものです。孔子は伝承された内容を更に拡大させただけであって、決して自ら発明したものではないのです。

むすび

モラロジー研究所では、創立者の廣池千九郎博士の時代より、「伝統の日」を定めて活動してこられました。これは廣池博士が伝統を尊重されていた表れであり、モラロジーの研究が実に正確なものであるという証明でもあります。廣池博士の学説は実に広く、奥深いものがあって、簡単に語り尽くせるものではありませんが、博士の学説の中で、最も重要なものは次の二点だと考えます。

一つは「慈悲寛大」であり、もう一つは「自己反省」です。慈悲寛大は他人に対しての心と言えると思います。自己反省は自分自身に対しての行為だと思います。一人ひとりがすべての人々に慈悲寛大であったら、この社会はどうなるでしょうか。人と人との交わりはどうなっていくでしょうか。どのような社会になるかは言うまでもありません。必ずや和やかで調和がとれた安定した社会になることは間違いありません。

また、一人ひとりがあらゆるとき、あらゆる場で自己反省していけばどうでしょうか。あらゆるとき、あらゆる場で自身の間違いを正していくことができれば、まず悪いことなどする人がいなくなるでしょう。こうした社会、国家がどのようになるか、これも言うまでもありません。

その上で、廣池千九郎博士は一方では自国の優秀な伝統文化を重視し、それを維持することを訴えられ、一方では外国の優秀な文化を受け入れて正しい思想の確立に心を傾けられたのです。
皆様方が自身の国家、民族の文化の保持に努力され、一方では、外からの優秀な文化と自国の伝統的な文化との調和に努力されて、廣池博士の思想を確固たるものにされれば、この国家、民族が維持されるだけでなく、その文化は永遠に滅亡することもなく、大同（公平で平和な理想社会『礼記』《礼運》）の世界に近づくことでしょう。

（一九九九年六月六日、モラロジー研究所で行われた「伝統の日」での特別講演）

廣池千九郎博士の伝統についての考察
――「伝統の日」に寄せる祝辞

本日は「伝統の日」[1]の行事に、父・孔徳成の代理（二男・孔維寧《こういねい》氏・孔子第七十八代裔孫）として、「伝統の日に寄せる祝辞」を代読させていただくことになりました。

モラロジー研究所を創建されました廣池《ひろいけ》千《ち》九郎《くろう》博士は、その凡俗を超越した聖人のごとき知恵と、広く深く精通した学識と、堅忍《けんにん》不抜《ふばつ》の意志、それに加えて、時勢を憂える心境を胸に秘め、その生涯を力の限りを尽くして世界の主要な宗教と哲学思想の研鑽に努められ、ありとあらゆる角度から勘案し全面的に理解を深めようと、孜孜《しし》として苦学を重ねられ、ついには最高道徳[2]の理論体系を完成され

（1）モラロジーでは、自然が万物を育てるように、いついかなるときも私たちが生きていくことを根底から支え、慈しみ育ててくださっているさまざまな恩人の系列を、「伝統」と呼んでいます。「伝統の日」は、この伝統に感謝し、人類の安心・平和・幸福の実現という、モラロジー創建の目的を再確認し、その実現に向けて力を尽くすことを決意する日です。毎年、六月の第一日曜日に行われています。

ました。そして、モラロジー研究所(3)および廣池学園などの教育機関を創設し、その後も、研究、教育、あるいは開発の事業を発展させられ、モラロジー(4)教育を幅広く普及させるための強固な基盤を確立されました。そして、世界的著名な歴史家・アーノルド・トインビー博士（イギリスの歴史学者。一八八九〜一九七五）もモラロジー研究所の活動を推奨し、称賛の声を寄せられたと聞いております。世界は地球的規模で変容しつつあるなか、最高道徳の理念は、まさに世界の道徳再建への一助になり得ることは疑うべくもなく、私どもも心から今後の発展を期待し注視してまいりたいと思っています。

一　最高道徳の体現者・廣池千九郎博士

さて、廣池千九郎博士は、単に最高道徳学説の創始者であるばかりでなく、博士の生涯の事跡を総合して見てみますと、まさしく最高道徳の体現者であったと言えましょう。さらに博士は時には筆でもって、時には言葉でもって自説を広く訴えかけ、心からの忠言を述べられるなど、いかなる煩わしさも厭《いと》われることはなかったということです。また、さらに重要なことは、博士自らが体験し実行に移されたこと、すなわち実践が伴っていたということです。

このことは『易経』《乾《けん》・象伝《しょうでん》》に

「天行は健なり。君子以て自ら彊《つと》めて息まず」

〔宇宙自然の運行は確実で怠りがなく、一刻も休むことがない。君子もそのように不断の努力を続け、徳の涵養に努めている〕

とありますように、まさしく廣池博士はそれを自ら実行されたのでありましょう。そして、ついには二十世紀の日本における最高道徳の伝統を切り拓かれました。これは一筋に艱難辛苦を乗り越え、優れた境地に達せられたからの結果であり、誰もが等しく敬服するところです。

二　最高道徳の五大系統

さて、廣池千九郎博士の考察によりますと、

「古来、世界において最高道徳を実行せる者はたくさんありますが、これを大別すれば五大系統

（2）最高道徳は、人類に確固とした生活の基準を与えてきた古代の諸聖人（中国の孔子、ギリシアのソクラテス、ユダヤのイエス・キリスト、インドの釈迦）および日本皇室の祖先神である天照大神を中心とする道徳系統に共通一貫する原理で、自己中心の傾向を超えた広い視野を持ち、行為の形とともに、そのもととなる心づかいを重視する質の高い道徳です。

（3）公益財団法人モラロジー研究所は、倫理道徳の研究と社会教育を推進する研究教育団体です。大正十五年（一九二六）に法学博士・廣池千九郎が創立して以来、一貫して人間性・道徳性を育てる研究・教育・出版活動を展開し、生涯を通じて学びを深める「生涯教育」とともに、親から子へ、子から孫へと世代を重ねて道徳性をはぐくむ「累代教育」を提唱しています。

（4）モラロジー（Moralogy）は、「道徳」を表すモラル（moral）と「学」を表す（logy）からなる学術語です。日本はもとより世界の倫理道徳の研究をはじめ、人間、社会、自然のあらゆる領域を考察し、人間がよりよく生きるための指針を探求し提示することを目的とした「総合人間学」です。

孔徳成氏の「「伝統の日」に寄せて」のメッセージを読まれる第78代裔孫・孔維寧氏
（平成９年〔1997〕６月１日）

となります。第一は、ギリシアのソクラテスを祖とする道徳系統、第二は、ユダヤのイエス・キリストを祖とする道徳系統、第三は、インドの釈迦《しゃか》を祖とする道徳系統、第四は、中国の孔子を祖とする道徳系統、第五は、すなわち、日本皇室の御祖先天照大神《あまてらすおおみかみ》及び日本歴代の天皇の御聖徳を中心とする道徳系統であります」

『道徳科学の論文』《第十二章第二項「世界における最高道徳の五大系統」》（新版第五冊三～四頁）

とあります。いわゆる「道徳系統」という語は明らかに「道徳伝統」と同じ意味を持っております。そこで、廣池博士は進んで各伝統における最高道徳実行の聖人を紹介されたのですが、その内容は具体的で詳細・正確であり、古来の東西聖人は、それぞれの道は異なっていても帰着するところは同じで、聖人はみな慈悲の心を抱き、人心を開発救済することを己が志としていたということを認識されました。また、中国に目を向けてみますと、尭《ぎょう》、舜《しゅん》、禹《う》、湯《とう》、文《ぶん》、武《ぶ》、周《しゅう》公を祖述した孔子が聖人として大成しました。

三　孔子を中心とした中国の道徳系統

ですから、『道徳科学の論文』には孔子を中心とした中国の道徳伝統が詳しく述べられており、その原典や拠り所となる故事来歴の引用は広範に及び、東西学者の論述を参考に、極めて詳細な内容となっています。

「孔子以前の諸聖人の聖徳はもとより偉大であったには相違ないでしょう。しかしながら、大聖孔子が出《い》でなかったならば、尋常人はその真相を明らかになし得なかったでありましょう。孔子ひとたび出でて諸聖人の事跡を紹述《しょうじゅつ》し、これによってはじめて中国における最高道徳の精神及びその性質が明らかになったのであります。すなわちいわゆる孔子は集めて大成したるものでありましょう。『中庸』に孔子をもって日月天地に比したるは偶然でありますまい」『道徳科学の論文』《第十二章第七項第四節「孔子の伝統尊重と中国における最高道徳の大成」》（新版第六冊九五頁）

と述べられております。ここに引用されております『中庸』第三十章では、

「仲尼《ちゅうじ》、尭舜を祖述《そじゅつ》し、文武を憲章す。上天《かみ》の時を律《のっと》り、下水土《しもすいど》に襲《よ》る。辟《たと》えば天の持載《じさい》せざるなく覆幬《ふくとう》せざるなきが如し。辟えば四時《しいじ》の錯行《さっこう》するが如く、日月の代明《じつげつ たいめい》するが如し。万物並び育《いく》して相害《あい》せず。道並び行われて相悖《もと》らず。小徳は川流《せんりゅう》し、大徳は敦化《とんか》す。これ天地の大たる所以《ゆえん》なり」

〔孔子は古の尭帝・舜帝の道を根本として受け継ぎ、周の文王・武王の徳にのっとって法を守ることに努め、上は天の自然な運行を手本とし、下は山水風土の一定の理に寄り従い、自然の運行を手本とした。孔子の徳が偉大であることは、天地が万物の全てを覆っているようで、春夏秋冬が順序通りに規則正しく運行し、太陽と月とが昼夜代わる代わる輝くように、万物はみな生育して互いに損なわず、道には様々な道があるが、それぞれ活動しながら互いに矛盾することがない。それは小さな徳は川の流れのように休むことなく、大きな徳は万物を厚く生育させているようである。これらと異なることのない孔子の徳は、天地と並んで大なるところである〕

とあり、このように天地日月の大徳と比べることができるものとは、まさしく廣池博士が自分自身の判断や行為の標準として守られ、常に自己反省しつつ、自らの任務を遂行しようと、実践躬行《きゅうこう》に努められた最高道徳そのものではないでしょうか。また、博士が日ごと増えつつある門人に対して、昼夜の分け隔てなく常に人心開発救済を念頭に置きながら、大きな志を抱いて、たとえ困難があろうと

も一心に求められようとした深遠なる最高道徳の境地ではないでしょうか。

四 「伝統」の語義

いわゆる「伝統」という語は、おそらく、ある社会あるいは地域にあって、人類が過去からの経験と記憶が集大成され、それらが累積されること幾代にも及び、代々相伝えられた倫理道徳、思想や信仰、価値観念、風俗習慣、文学芸術、制度や規範など、総合されたものであり、したがって最も代表的で顕著にそれを表しているものは、その土地の文化生活上の特殊な風格であると言えます。一方、廣池博士がモラロジーを研究する上で用いた「伝統」という語は、今申し上げました「伝統」とは概念がすべて同じではありません。博士は「伝統」という語を、英語の「TRADITION」（伝統、慣習）という一般概念で表さず、古代ギリシア語を基に新しく「ORTHOLINON」という語を「伝統」という意味に充てられました。『道徳科学の論文』《第十四章第九項第一節「伝統の意味」》（新版第七冊二六二～二六三頁参照）

五　万世一系の無冠の帝王

このことからも分かりますように、廣池博士の伝統に対しての見解は、次のように言えると思います。すなわち、「道徳系統」は当然のこととして、さらに重く見られたのは、祖先から代々伝わっている家系の伝承であったようです。そして最高道徳が実行できると深く信じた仁愛深い君子、あるいは古来の聖人、賢人で、その栄誉と学説は必ずや永く伝えられて消え果てることがないだけでなく、血統もまた連綿として途切れることなく、万世に伝えられるものでした。日本の皇室の万世一系の所以《ゆえん》は、祖先神である天照大神および歴代天皇の聖徳にありますが、孔子の代々継承されてきた家系に目を向けてみますと、『道徳科学の論文』に、次のようにあります。

「孔子の遠祖たる殷《いん》の皇族微子開《びしかい》（または微子啓《びしけい》）より現代の廟主までを算するときは、優に百代以上に達すべく、その世系の永きこと、畏《おそ》れ多くも日本の万世一系の皇統に準ずべきでありましょう。実に世界おける万世一系の無冠の帝王であります」『道徳科学の論文』《第十二章第七項第十四節「万世一系の無冠の帝王」》（新版第六冊一六七頁）

と述べられています。

廣池博士の孔子および儒家の伝統に関する研究は、実に広範な知識がよく要約されているばかりでなく、比較と対照の手法がよく用いられていて、今まで明確に主張できなかったこと、あるいは問題にされなかったことに対しても、時には新しい観点から打ち出された博士独特の見解が示されました。例えば、孔子の信仰について論が及んだ箇所では、『道徳科学の論文』に、次のようにあります。

「孔子は深く神を信じ、全く自我を没却し、すべて神意に一致すると信ずるところの古聖人の実行せられたる最高道徳をもってわが心となし、その行為の標準とせられたのであります。しこうして普通宗教のごとき迷信を許さず、合理的信仰の基礎に立って、安心・立命をなすをもって後世知識階級の間に尊重さるるに至りしことは偶然でありませぬ」『道徳科学の論文』《第十二章第七項第六節上「神に対する孔子の信仰」》（新版第六冊一〇三頁）

また、孔子の感化力に論が及んでは、『道徳科学の論文』に次のようにあります。

「孔子は釈迦及びキリストの二人と異なりて、その人類を救済する方法としては、主として学問及び教育により、もって古代聖人の精神を人心に注入し、その総合的結果によりて人類の幸福を増進せんとしたのであります。それ故に、神の性質及び恩寵《おんちょう》につきては多くを語らざるも、古聖人の事跡につきてはこれを伝うること極めて詳細であります。されば、信仰よりはむしろ道徳の実行に重きを置き、また人間の理想よりはむしろ人間の実際的生活に重きを置きたれば、孔子の教えを伝うるところの儒教はいわゆる宗教の範疇《はんちゅう》を脱して、純道徳的に発達したのであります。しかるに、孔子の没後世を経るにしたがって孔子の真の精神は漸次《ぜんじ》に忘失せらるるに至り、孔子の感化力は、広く東方アジアに普及したれど、その道徳上の根本義〈神に対する信仰〉が常に没却されがちであったために、その感化の力かえって幾多の弊害を含めるところの宗教に及ばなかったのであります。ただその知識階級に対する感化力に至っては、すこぶる見るべきものがあったのであります」『道徳科学の論文』《第十二章第八項第五節「儒教の東洋諸国に及ぼせる感化力」》（新版第六冊二〇六～二〇七頁）

と述べられています。このように複数の観点から孔子や儒学の経書を解釈した場合、複数の立証と結論が導き出されます。このような独創的で新味のある見解は、廣池博士の著作『道徳科学の論文』から拾い上げてみると至るところに見られ、人々の耳目《じもく》を一新させ、啓発されるところははなはだ多く、誠に感服にたえません。

六　儒学の伝統

儒学の伝統は、悠久に持続されてきた中にあって、盛衰の起伏があった事実は免れがたいことです。例えば、廣池博士が目の当たりにされた一九一九年五月四日の学生デモに端を発した五四運動での中国学術界の孔子排斥運動には、頭を悩ませ心を痛められましたが、当時の中国の学者や学生に対して、『道徳科学の論文』に、次のような批判が載せておられています。

「彼《か》の人々は深く西洋文化の淵源《えんげん》を究《きわ》めず、また深く孔子の真髄を究めず、且つ最近進歩せる科学の原理に疎《うと》くして、みだりに軽佻《けいちょう》浮薄の風《ふう》に流れ、中国文化の原動力たりし中国聖人の教えを斥《しりぞ》くるに至りては、その浅見無識も甚だしきものといわねばなりませぬ。今日〈一九二七年〉中国の支配階級が政治・外交・軍事及び道徳の原理を無視し、内外に対して陋劣《ろうれつ》なる闘争をなしつつあるは、その原因全くその学問・思想・信仰の頽廃《たいはい》によるものであります。中国人にして今後依然かくのごとくんば、国家の統一・平和はいうに及ばず、さしもに強固に築き上げられたる中国の社会組織も、ついに破壊の運命に陥り、中国全土の人民の幸福の消滅はもちろん、延《ひ》いて全世界の人類の不幸をも誘致するに至るでありましょう。中国の識者たるもの、深く思いをここに致して自重せねばならぬことと考えられます。なお中国人のみならず、希《ねが》わくは、世界一般の人々も、大いにここに反省するところなくてはなりませぬ」『道徳科学の論文』《第十二章第八項第六節「排孔主義と中国の将来」》（新版第六冊二〇八～二〇九頁）

このように廣池博士の研究は古今東西に通じていたこと、科学的研究の手法にも熟知しておられましたから、客観的・理性的な態度で、当時の中国知識階級が行った、儒家伝統を排斥しようという非を的確に指摘し、これを正そうとされました。まさしく直言してはばからず、真摯な態度であったと言えましょう。こうした態度は中国の前途に対して、心からの憂慮であり、中国人に対する忠告と諫《いさ》めであり、励ましでもあり、このような真心のこもった懇切な気持ちが言葉の端々に見てとれるということは、実に多くの人々を感動させずにはおれません。

こうして一時期、排斥運動などがあったものの、幸いにも悠久の歴史を備えている偉大な伝統のいかなるものも、みずから連綿と絶えることがないという慣性を持っており、それに対して余計な意見を押し付けたり、また、拒《こば》み遮《さえぎ》ったり、断絶へ追い詰めたりすることは難しいのです。ましてや最高道徳の集大成であった孔子や儒家の伝統に対しては尚更のことではありませんか。もっとも、長い歴史の中で伝承されていく過程で、あるときは低調であったり、あるときはつまずきもあったりしたでしょう。例えば、秦《しん》の始皇帝《しこうてい》の焚書坑儒《ふんしょこうじゅ》がありましたが、不運でどん底に陥ってもたちまちのうちに次の幸運が巡ってきて、漢代に入って後は、以前にも増して猛烈な勢いで新しい道が拓けてきました。また、先ほど触れました五四運動の時期においても、孔子の学説を打倒せよとの声が湧き上がり、世間は騒々しくなり、付和雷同する群衆も現れましたが、諺にある「雷鳴は大きいが、雨粒は小さい」(掛け声ばかり大きくて、行動が伴わないこと)の通りに、結局はうやむやに消え去ってしまい、どのようなことが起ころうとも根本はゆるぎないものだったということが分かります。

また、最近では約三十年前、中国大陸における文化大革命当時、全国的に孔子批判の運動が巻き起こり、幼稚で熱狂的な紅衛兵が扇動し、旗を振りかざし大声を張り上げて孔子を仇呼ばわりしたり、儒学を毒素のように見なしたりして、徹底的に破滅へと追いやろうと暴れまわったりしました。しかし、結局は「大きな羽蟻が大木を揺り動かす」という身の程知らずなことをする例え通り、いわゆる十年動乱といわれる荒れ狂った暴風雨の後は、「痛みが過ぎ去って痛みを思い起こす」という結果となりました。そして、結局はいかにして孔子の地位と儒家の伝統に対する価値を再評価しようかということになり、ようやく新たに孔子や儒家の学説が肯定されるようになったのです。幸いなことに、近年では中国大陸における儒家学説の研究討論の風潮が日増しに盛んとなり、実に文化大革命以前と比較しても、優に以前を凌《しの》ぐような現象が見られるようになりました。これらはもとより歴史への風刺でしたが、一方、偉大な伝統の証明でもあります。とりわけ最高道徳の伝統は深く人心に植え付けられないものはなく、悠久の歴史は日々新しく繰り返され、政治あるいはいかなる権勢も、それを変え得ることはできないのです。

この度は、喜ばしくもモラロジー研究所の「伝統の日」を迎えるにあたって、自らの非才を省みず、廣池千九郎博士の『道徳科学の論文』についての所感を述べさせていただきました。

（一九九七年六月一日、モラロジー研究所で行われた「伝統の日」での記念講演）

孔子の思想と精神

一　「日孜孜」の扁額

本日、道徳科学研究所（現・公益財団法人モラロジー研究所）に参りまして、私が最も心を打たれましたことは、貴賓館の応接間にかかっておりました「日《ひびに》孜孜《しし》」（『書経』《虞書《ぐしょ》・益稷《えきしょく》》日々倦《う》まず努める意）と書かれた扁額です。この額の文字は私がかつて十六歳のとき、つまり二十二年前に書いたもので、その文字が、今この廣池学園の貴賓館に掲げられているのを見まして、私は非常に心を打たれました。

この間、中国と日本の間にはいろいろな事変が起こっております。この歳月を顧みますと誠に感慨無量なるものがございます。

日本は戦争に敗れましたけれども、このたび私は初めて来日し、各地を訪問しましたが、日本はこんなに立派に復興しております。この日本の復興は、決して偶然ではなく、この道徳科学研究所（現・モラロジー研究所）というものがあって、日本の国民道徳を振興したことがきっと基礎をなしたのだろうと私は確信して疑いません。

ところが、私どもの中国はどうかと申しますと、皆さんもご承知の通り、大陸ではあの通りの惨憺《さんたん》たる事態に立ち至っているのです。しかしながら、わが台湾にあります中華民国は依然として中国の伝統を守り、中国の道徳を守って、そして中国の復興をめざしております。この伝統と道徳とは必ずや将来大きな力となって、そしてこの中国を真に復興するという機会が必ず来るものと、我々は確信しているところです。

本日ここに申し上げるお話が、わが中国と日本との間の一つの道徳のつながり、両国の人々の道義がここに一緒になって、将来これが世界に拡大していく、そういうことになっていけばという希望を持って、今日のお話を進めたいと思います。

二　孔子が生きた春秋時代

私は思いますに、中国にしましても日本にしましても、その道徳の根本はおおよそ同じであると考

貴賓館に掲げられている「日孜孜」の揮毫。孔徳成氏16歳のとき、廣池千九郎博士に贈られたもの（昭和10年〔1935〕11月）

えます。つまり中国、日本の道徳の根源は孔子の教えにあると言っても過言ではないと思います。そこで私はこれから孔子の学説、つまり孔子の教え、孔子はどういうことを我々に教えられたか、その概略を申し上げたいと思います。

孔子の教えというのは非常に各方面にわたっておりまして、国家の政治をいかに運用するか、一国の経済政策はどうあるべきか、また我々は社会においていかなる道義を持たなければならないか、我々個人はどういうふうにして人格を向上させ、また自分の一身の修養をどのように積むのかという、上は政治から下は一個人の自由に関することまで、実に多岐にわたっているのです。私は以下、概略に触れてお話を進めたいと思います。

そもそも孔子はいかなる時代に生きていたかと申しますと、孔子の生存していた時代は非常に世の中が混乱していた時代です。つまり中国ではこの時代を春秋時代と言いますが、この乱れた時代に孔子は生きていたのです。この春秋時代というのは簡単に申しますと、古い秩序、古い体制が崩れて、新しい時代が来る、しかもその新しいものはまだ本物になっていない、古いものが壊れて次に新しいものが来始めている、という新旧交代の過渡期に孔子は身を処していたのです。

春秋時代という、この孔子の時代にはいったいどういう問題があったかと申しますと、それは家来が自分の仕える君主に反抗するとか、子供が親に反抗するという時代でした。ただ反抗するばかりでなくて、遂には家老が殿様を殺すとか、子供が親を痛めるという時代でもあったのです。ですから、この時代におきましては社会の秩序は混乱し、政治は腐敗し、人間としてどうしたらいいか、その標準がなかったのです。人々はいかに生きるべきかという標準を失ってしまっていた、そういう時代でした。

三　大義名分の政治

そこで、孔子はいかにしてこの迷える人々に一つの標準を与えようか、またこの混乱した社会にいかなる秩序を与えようかと考えたのですが、これを与えなければ混乱、迷いは解けなかったからです。そこでどうにかしてこの世の中のために、また人間のために一つの物差しとなる標準を作ろうと考えたのです。

そこで第一に孔子が教えましたことは「名を正す」ということです。つまり「大義名分をたてる」ということでした。今の言葉で申しますと「筋道をたてる」「筋を通す」ということです。この「名を正す」ということを、第一にやらなければならないと孔子は考えたのですが、その大義名分の内容は何かと申しますと、これはたった八文字「君君、臣臣、父父、子子」です。孔子の言葉を借りて申しますと、「君は君たり、臣は臣たり、父は父たり、子は子たり」『論語』《顔淵《がんえん》第十二》ということです。つまり〈君子は君子らしく、臣下は臣下らしく、親は親らしく、子供は子供らしく〉ということが大義名分です。孔子はこのように、およそ上に立つ者、下に立つ者あるいは家庭においては親子・兄弟・夫婦の名分を正さなければならないと教えました。これが天下を治める道であり、孔子はこの道をただ教えただけではなく、自ら実行したのでした。

この時代は、全く道義が廃れていた時代でした。例えばその当時、孔子の生まれた魯《ろ》という国がありました。この国には、「魯の三家」と言われる三人の重臣がおりまして、この重臣たちが陰謀を企て、昭公《しょうこう》という君主を放逐《ほうちく》してしまうというひどいことをやったのです。当時の中国は周の天子によって治められていましたので、そこで孔子は周の天子に「こういう家来が君主を放逐するというようなことは誠に面白くない、これはあくまで大義名分を正さなければならない」と献策しまして、周の力をもって遂にこの魯の悪人たちを討伐したのです。

また、孔子のいた魯という国のすぐ隣には斉《せい》という国がありました。この国ではなお一層ひどいことが起こりまして、家老が専横を極め、とうとう君主を打ち殺すという事件が発生しました。そのとき孔子は、斉という国は自分の国ではないが、天下にこのような反逆が公然と行われているのは誠に見るに忍びない、この反逆を打ち破って天下の大道を明らかにしなければならないと考え、斉の悪人たちを成敗するよう、魯の君主に献策したのです。孔子は単に自分の国だけよければいいというのではなく、いかなる国においても、このように人道に反したことが行われるということは、絶対に許すことができないという立場をとったのです。

では、なぜ孔子はこれほど熱心に大義名分を正すということを強く主張したのでしょうか。それは君臣の本分が明らかでなければ、また親子の本分が明らかでなければ政治を軌道に乗せることはできない、国民の生活を安定させることはできない。つまり君臣・父子の道を正すということが、とりもなおさず政治を軌道に乗せるための根本にほかならなかったからです。これが社会の秩序を守り、家庭の平和を守る根本でもあったわけです。

要するに孔子の政治思想は、大義名分を明らかにするということが政治の最高の目標であり、かつ、いかにすれば民を安楽に、安定した生活に向かわせることができるか、ということが最終の目的であったのです。孔子のいわゆる名を正しくすることの政治上、社会上、人間生活上の意味も、またそこにあったのです。

四　民を基本とする政治・経済

次は、孔子の経済に関する思想です。孔子は国家の経済問題についてどのような思想を持っていたかと申しますと、今日まで伝わっている言葉は少ないのですが、その中から、孔子の経済思想を読み取ることができます。孔子はまず、この世の中に生きる人間には経済上あらゆる人々に幸福を与えなければならないと考えました。すなわち民は、一人ひとり自分で働き自分で米を作るということができなければならない。おのおのが自由に働き、自分で自由に富を築くことができなければならない、これが孔子の経済思想の第一点です。したがって孔子は民を搾取し、民を圧迫して苦しめる政治に対しては、非常に強く反対しました。ですから、孔子の政治上の考え方としましては、この富をまず国民に与えられなければならない、国民が富んでこそ国家は富むのである。国民がみんな繁栄してこそ国家は栄えるのである。こういう考え方をしたのでした。

孔子は次のように述べています。

「子《し》、衛に適《ゆ》く。冉有僕《ぜんゆうぼく》たり。子曰く、庶《おお》きかな。冉有曰く、既《すで》に庶し。又何をか加えんと。曰く、之を富まさん」《子路《しろ》第十三》

〔衛《えい》という国へ旅に出ました。その国の状況を見ますと、民がたくさん集まっていました。そこで孔子の弟子が「この国は、非常に人口が多いのですが、どうしたものでしょうか」と、こう質問したところ、孔子が言うには「うん、民が多い。これは大変結構なことだが、更にこの多い民をして、おのおの安住させ、みんなの生活を豊かにしてやらなければならない」と門人に諭したのです。

また、このときお供をした弟子は冉求《ぜんゆう》（冉有）という人でしたが、この人は魯の国の季《き》という代官の下で税金取立の役人として就職したことがありました。ところが、その冉求は孔子の弟子であるにもかかわらず、悪代官の下で、民から膨大な税金を取り立てるなど搾取をして民を困らせていたのです。このことに孔子は非常に怒りまして「この冉求が仕えている季という代官は周の国王よりも金を持っていて贅沢をしている。こういう人の手先になって冉求がなお一層苛斂誅求《かれんちゅうきゅう》をするということは甚だよろしくない。これは道に背くこと甚だしいことである」と、自分の門人に言いつけて、

「吾が徒《ともがら》に非ざるなり。小子《しょうし》、鼓《つづみ》を鳴らして之を攻めて可なり」《先進《せんしん》第十一》

〔こういう悪人はあくまで攻撃をしてもよろしい、彼のやっている正しくないことを皆に知らせてやりなさい〕

とこう言って戒めたことがあります。

孔子は

「丘《きゅう》や聞く、国を有《たも》ち家を有つ者は、寡《すく》なきことを患《うれ》えずして、均《ひと》しからざるを患う。貧しき

を患えずして安からざるを患う。蓋《けだ》し均しければ貧しきこと無く、和すれば寡なきこと無く、安ければ傾くこと無し」《季《き》氏《し》第十六》

〔孔子の考えからしますと、政治をする場合に一番大事なことは、一般の民が果たして富んでいるかどうか、果たして民が喜んでいるかどうか、これが政治の根本であるのです。いかに朝廷に金があっても民が貧しければ、それは本当の政治ではない。故に、この一般民衆を富ませるということが根本である〕

と述べています。このように孔子の経済思想は第一には民を富ませる、国民おのおのの生活が豊かになるようにしてやるということでした。

第二は、政府当局は無法な税金を取り立てて、民を搾取してはならないということです。孔子の弟子に大変よく勉強して孔子の道を伝えた有若《ゆうじゃく》という人がいますが、この有若の言った言葉が一番よく孔子の精神を表していると思います。それはどういう言葉かと申しますと、

「百姓足らば、君孰《たれ》と与《とも》にか足らざらん。百姓足らずんば、君孰と与にか足らん」《顔淵第十二》

〔民が足りたならば君も裕福になる。民が貧乏をすれば君もまた貧乏である〕

という言葉で、つまり民が富めば国家経済も富んだことになるが、民が苦しんでいれば、いかに政府あるいは上に立つ人が金持ちであっても、やはりこれは貧乏である。したがって国家が裕福であるかないかということは、全く国民が裕福であるか否かにかかっている。これが孔子の経済思想を端的に

表している言葉であると思うのです。

このような孔子の考え方、つまり民を大切にする、民が富まなければ国家は何の役にも立たないという考え方、これを民主主義と言って差し支えないのですが、この民主主義こそはその後数千年、中国を支配した儒教の根本思想であって、例えば孟子にしましても、あるいは中庸を著した朱子にしましても、すべて「民を本とする」という教えを説いてきました。そして、孔子の時代以降、現代に至るまでずっと受け継がれて、中国における一般社会の通念となっているのです。いやしくも中国で政治をとる者は、すべてこの主義に則って政治を行わなければならないのです。したがって中国の政治家にして、もし社会の名声を博し、後の世まで自分の名を伝えようと思えば、必ず孔子の「民を本とする」民本政治を実行しなければならないという、覚悟を持たざるを得ないのです。

五　軍事についての考え

次に、孔子が軍事に関してはどういうことを考えていたかについてお話しします。孔子は軍事につきましては国土防衛を主張し、もし敵が国土を侵そうとするときには、国民の総力をあげて国を防衛しなければならないし、他国から侵略があれば正しい道を守るために敢然として戦わなければならないと考えていました。また孔子が繰り返し主張しましたことは、軍隊というものはよく訓練をして、その訓練された軍隊をもって国土を防衛しなければならないということです。いったん事が起こって国民を戦場に送る場合に、訓練もしないでただ漫然と国民を駆り集めて送るということでは、徒《いたずら》に鉄砲玉の犠牲となって民を捨てるようなものです。したがって、よく訓練し、十分軍事上の知識を持った人を戦場に出さなければならないと教えています。

さらにもう一つ付け加えて申し上げたいのですが、それは魯という国と斉という国が戦争をしたとき、小さな子供がその戦争に参加して死んだことがあります。ところが魯国の政府は、その子供は成年に達していないから戦死者として正式の葬儀を行う必要はないと発表しました。この発表を聞いた孔子はこれに強く反対し、

「能く干戈《かんか》を執りて、以て社稷《しゃしょく》を衛《まも》る。殤《しょう》（夭折者）とする無かる可きなり」『春秋左氏伝』《哀公《あいこう》十一年》

〔いやしくも国土防衛のために一身をなげうって死んだのですから、年齢の高い低いに関係なく、国家はこれを懇《ねんご》ろに葬らなければならない〕

と主張しました。これは孔子が国家の正義について述べた格好の例だと思います。

六 「仁」の精神

次に、孔子は人間一個人の人格陶冶《とうや》をいかにすべきか、一個人の人間の修養をいかにすべきかという点について、どういうふうに考え、またどういうことを言ったかを申し上げたいと思います。孔子はまず個人がいかに道徳を修め、いかにしたら世の中のためになるか、こういう人格上、道徳上のことについて非常に詳しく述べています。孔子はこの個人、つまり一個の人間というものを大変大事に考えていました。この一個人の人間同士が集まって団体となる、その団体と団体、それが大きくなると国家あるいは世界人類全体ということになりますが、その根本は一個の人間である。この人間の道徳をどうするのが一番良いかということを孔子は考えたのです。

すなわち孔子は、あらゆる道徳の根本というものは、まず個人から出発しなければならないと考えたのです。

「己の欲せざる所、人に施すこと勿れ」《顔淵第十二、衛霊公《えいれいこう》第十五》

〔自分がそうしてほしくないことは、他人にもしてはいけない〕

というのは、個人から団体、団体から国家に敷衍《ふえん》しているところで、すべての関係は自分のいやなことを他人に強いることをしない。こうしてまず自分から発するということが孔子の考えです。

「言忠信《げんちゅうしん》、行《おこない》篤敬《とくけい》なれば蛮貊《ばんぱく》の邦《くに》と雖《いえど》も行われん。言忠信ならず、行篤敬ならずんば州里《しゅうり》と雖も行われんや」《衛霊公第十五》

〔言葉が誠実であり、行動に敬いと慎みがあれば、どのような未開の国へ行っても道が行われるだろう。これとは反対に、言葉に誠実さがなく、行動がでたらめであったら、身近な自分の生まれ故郷であっても道は行われないだろう〕

この個人の倫理、道徳、修養、これを非常に大事に考えていたのです。孔子はこのようにいろいろなことを我々に教えてくれているのですが、さらに大事な点を申し上げたいと思います。

孔子のいわゆる人間の道徳のうち一番基本的なことは何であるかと言いますと、それは「仁」です。この仁、仁義の「仁」という字はご承知のように「人偏《にんべん》」に「二」という字がついています。ところがこの仁という字は、元来は二という字がなくて「人」という字と同じで、後世になって「人偏」に一、二の「二」を書くようになったのです。

この「仁」というのは何かと言えば、結局これは人間の人間たるべき道、人間が人間として生きていくために持っていなければいけない徳です。したがって仁に合致した行動をとる人間が本当の人間で、仁の道に外れた行いをする人間は真の人間ではないのです。こうした意味から、仁という字は「人」という字と同じで、人間の人間たる本来の徳を意味するのです。ですから仁というのは、その意味で非常に広汎で、人間のあらゆる道徳を全部包括していると言って差し支えないのです。

例えば、親に孝行するということ、これもやはり仁です。長上に対して忠義を尽くすこと、これまた「仁」です。この仁がなければ人間としての道徳は成立しないのです。また人間は聡明であれば必ずこの仁に合致するはずです。なぜならば聡明でなければ人間の道にはずれるからです。孔子はまた勇気についても述べておりますが、単なる勇気では未だ本当の勇気とは申せません。孔子のいわゆる勇気と言いますのは、必ず道の上に立った勇気であり、徳の上に立った勇気であるのです。

「勇を好みて学を好まざれば、其の蔽《へい》や乱なり」《陽貨《ようか》第十七》

〔勇を好んでばかりで学問を好まなければ、その弊害として乱暴になる〕

これがすなわち仁なのです。

それでは人間はどのように修養をすれば孔子の仁の徳に到達することができるか、言い換えますと、いかにすれば人間らしい人間になることができるのかと言いますと、孔子はその道筋をいろいろな方面から私どもに教えております。まず第一に、人間は勉強をしなければならない。孔子は、

「博《ひろ》く学んで篤《あつ》く志し、切に問いて近く思う。仁その中にあり」《子張《しちょう》第十九》

〔学問をするには、まず広く学んでしっかり記憶しなくてはならない、そして志を強くし、理解できるよう努力する。また、学んでも分からないところは熱心に問いただし、身近なところから進めていくべきだ。こうした姿勢で学問をやっていけば、そこから仁を体得する道が開ける〕

と述べていますが、これはあらゆることを一生懸命に学び、そして自分の心を立派に磨き上げて人間

の道を正しくしていくことで、これが仁に到達する第一段階です。

第二は「克己復礼《こっきふくれい》」です。孔子は、

「己に克ちて礼に復《かえ》るを仁となす」《顔淵第十二》

〔克己というのは自分の私欲や私利を制し、復礼は理性に基づいて社会の規律を守ることである。一つの規範に自分の言動を合致させていくことも仁である〕

と言っております。孔子はこのように人々に勉強をさせて身勝手な言動を自ら抑制することを教えたのです。また、あるとき弟子が孔子に向かって「いったい仁とは何でございますか」と尋ねたところ、孔子は言下に、

「人を愛す」《顔淵第十二》

〔仁とは、人を愛することなり。人を愛することがすなわち仁である〕

と答えたと記録にあります。これは人間というものは元来、お互いに愛情を持って交わるということが、本来の姿であることを教えたものです。人と人とが相憎み合っているのは、すでに本当の人間ではないのであって、人々が相愛するというところに、初めて人間の道、つまり仁があるのです。

またあるとき、

「子張《しちょう》仁を孔子に問う。孔子曰く、能く五の者を天下に行うを仁と為す。曰く、恭・寛・信・敏・恵なり」《陽貨第十七》

〔門人が孔子に向かって「我々が仁の道に到達するにはどうしたらよろしいでしょうか」と質問しました。孔子は質問する弟子によって答え方を変えていますが、子張に対しては、五つの条件を示して答えています。「恭」といいますのは、人間は何事をするにも慎み深く真面目でなければならないということです。「寛」とは、寛大ということで人間の気持ちは寛くて厚くなければいけない。軽薄であったり、酷薄《こくはく》であったりしては仁にはなれないということです。「信」とは、いうまでもなく人の信用を絶対に損なわないということで、うそを言わず、言ったことは必ず実行することです。「敏」は、怠けないでいかなることに対しても常に努力をして手抜かりなく働くことです。「恵」は、他人に恩恵を与えることです。この恭、寛、信、敏、恵の五つの条件が備われば、すなわち仁である〕

と孔子は説明しているのです。

ここで更に触れておきたいと思いますのは、孔子がよく述べていました「礼」ということです。礼とは、言うまでもなく礼儀のことで、人と人との関係を律する形式です。しかし、この礼というのは大変広い、また深い意味を持っている言葉で、個人の言動を律するその基準を指し、また我々が世の中に処していく場合の規格が礼なのです。

更に大きく申しますと、社会の秩序を維持するために作られている原則も、これまた礼です。したがって個人から社会に至るまで一つの道として貫いている規範です。我々が社会にあって行動する場合にも、また一個人で身を処するときにも、礼というものがなければ、われわれの言動を調節することはできないのです。この基本的な標準がなければ、ある行いをして、それが良いと思うことでも、やり過ぎたり足りなかったりすることが起こってきます。度を過ぎたり足りなかったりしては道徳になりません。我々の言動を過不及《かふきゅう》のない適度なものとする基準が、孔子のいわゆる礼の精神です。そこで孔子は、我々は礼をもって道徳の表れ方を調節するのでなければ、道徳が道徳でなくなるということを教えられたのです。

例えば恭、慎、勇、直、これはいずれも皆うるわしい道徳でありますが、そこに礼というものを加えていなければ、いろいろな弊害が起こってきます。

「恭にして礼無ければ則ち労す。慎にして礼無ければ則ち葸《し》す。勇にして礼無ければ則ち乱す。直にして礼無ければ則ち絞《こう》す」《泰伯《たいはく》第八》

〔恭《うやうや》しくするだけで、礼に適った行動でなければ、疲れるだけである。心に慎みを持つだけで、礼に適った行動でなければ、びくびくして恐れるだけである。単に勇気があるだけで、礼に適った行動がなければ、他人に対して厳しい態度をとるだけである〕

例えば「勇」ということを例にとって考えてみても、人間が勇気を持つということは一つの美徳です。ところが勇気さえあればいい、というのであれば社会的にもいろいろ弊害を醸し、いわゆる暴力になってしまいます。人間の勇気というものは、礼をもってこれを調節しなければ、本当の勇気にはならないのです。また慎むということも、あまり慎重に過ぎるときはかえって弊害が起こりますし、あたりかまわず真っすぐなことも、これまた弊害を引き起こします。そこで孔子は礼ということを非常にやかましく言われたのです。

次に孔子は、我々人間の徳のうち非常に大事なものの一つとして、忠恕の道を教えています。

「曽子《そうし》曰く、夫子の道は 忠恕《ちゅうじょ》 のみ」《里仁《りじん》第四》

〔孔子の道は忠恕の道である〕

とさえ言われています。この「忠」といいますのは、他人に対して真心を尽くすこと、人に陰徳を施すことです。また己に対して真心を尽くす、いわゆる己を尽くすということで、己の誠心誠意を尽くすということが忠という言葉の意味です。この心をもって国家や政府や自分の属している団体に対し、あるいはまた、自分の目上の者に対して尽くすことがいわゆる忠義です。「恕《じょ》」というのは、

「己の欲せざる所、人に施すこと勿れ」《顔淵第十二・衛霊公第十五》

〔自分がいやなことは他人にやらせない。自分の心をもって他人を優しく労《いた》わってあげること〕

これがすなわち恕の精神です。この精神をもってすれば人と人との関係、あるいは国と国との関係も間違いなく処理できるのです。例えば、他人が自分に向かって非常に好意を示してくれた場合には、もちろん好意をもってこれに報いることは申すまでもないわけです。仮に相手が悪意をもって対してきたときでも、たとえ相手がどうあろうと、こちらはあくまでも人間の正しい道、素直な精神をもっ

て相手に対しなければならないのです。孔子は、

「直《ちょく》を以て怨《うら》みに報い、徳を以て徳に報いる」《憲問《けんもん》第十四》

〔怨みに対しては、公平無私の正しさで怨みに報い、徳に対しては徳でむくいるのが当然だ〕

と言っております。

孔子の恕の精神である「己の欲せざるところ、人に施すことなかれ」という思いやりの心は、さらに進むと、

「己《おのれ》立たんと欲して人を立て、己達せんと欲して人を達す」《雍也《ようや》第六》

〔自分がある地位に就きたいと思えば、まず他人がその地位に就くことができるよう心がける。自分が手に入れたいものがあれば、まず他人がその目的を達成できるように心がける〕

という言葉になりますが、これは、人は自分の身を立てようとすれば、まず他人の身が立つようにしてやらなければならない。人を先にして自分を後にするという意味です。思いやりの心が積極的に働いたときには、必ずここまで至らなければならないのです。

このように孔子は、いろいろな例えを引き、また項目を分けて仁の精神を説いておりますが、これを総括して申しますと、人というものは「人を愛する」ということの一言が、人間が人間であるか、人間でないかを見分けるところの基本的な観念であると教えているのです。つまり孔子の考え方から言いますと、我々人間は、あくまでも愛情をもって結ばれなければならないのです。

私どもはこの孔子の教えである「人を愛せよ」、つまり愛情をもってお互いに交われ、というこの愛の精神を根本にしてお互いの協力・提携から更に発展しまして全人類の幸福、全人類の平和に到達することができると思うのです。これが孔子の「人を愛する」という精神です。

以上、孔子はいったいどういう思想を持っていたか、どのようにしてこの人に対する教えを示していたかということについて申し上げてきました。孔子の思想というのはいろいろむずかしくも考えられますけれども、結局、人間が人間としての道を踏むということです。これは君に対しては忠、親に対しては孝、夫婦相和し、朋友相信じという、この簡単な人間の道義というものを守ることによって、社会の秩序を守り、また人間同士の秩序を守るということによって達成されるのですが、これは簡単と言えば極めて簡単であるとも考えられるのです。

（本稿は一九五七年十月十三日、廣池学園における講演を基にして、大阪、京都、名古屋、東京での講演の要旨をまとめたもの。通訳は外務省公使（当時）清水董三氏／『社会教育資料』第二十一号、道徳科学研究所、一九五八年）

孔子の処世訓

本日、皆様にお話しいたします内容は、孔子が述べた自己を律すること、他人への接し方、世に処すること、家庭のあり方、社会に対するあり方などについてです。

まず、孔子は実践的な道徳を重んじた人です。ですから「仁」という字で、孔子の道徳の総合的な名称としました。この「仁」というのはどのように解釈するかと言いますと、「仁」すなわち人類の「人」と言うことができます。これはどういう意味かと申しますと、人の人たる所以《ゆえん》は、その人の人となりそのものから成り立っており、そこには必ずいくつかの道徳が備わっていなければならないということです。では、人にはどのような道徳が備わっていなければならないかと考えてみますと、この道徳というのは、おおよそ自己を律すること、他人への接し方、世に処すること、および家庭、社会に関する実際上の行為にほかならないと思います。

一　自己を律する

まず「自己を律する」ということについてお話しします。孔子は、

「己《おのれ》の欲せざる所、人に施《ほどこ》すこと勿《なか》れ」『論語』《顔淵《がんえん》第十二・衛霊公《えいれいこう》第十五》

と述べていますが、これは自分が他人から受けたくないような不愉快なことを、自分も決して他人にしてはならないということです。例えば、私たちは他人から侮辱を受けたくありませんが、私たち自身も他人を侮辱してはいけません。すなわち、自分自身が他人から何がしてほしいか、何がしてほしくないか、自分でよく考えてみることです。そして、もし自分自身がしてほしくないようなことがあれば、決してそれを他人の身の上にふりかけるようなことがあってはならないということです。これが、すなわち「恕《じょ》」（思いやり）というものです。

もう少し積極的な見地からお話ししますと、孔子は、

「己立たんと欲して人を立て、己達せんと欲して人を達す」《雍也《ようや》第六》

〔自分が何かに到達したいと願うときには、他人にも到達させてあげる〕

と述べています。これは簡単に言いますと、今、私がとてもご飯を食べたいとしますと、他人にもみなご飯が食べられるようにと願います。私に住む家があれば、他人にもすべて住む家があるようにと

願います。これも「恕」の行為で積極的な姿勢を表したものです。

次に、「礼」についてお話しします。「礼」というのは、生活上の一つの規範ですから、孔子は、「**礼に非《あら》ざれば視《み》ること勿れ、礼に非ざれば聴くこと勿れ、礼に非ざれば言うこと勿れ、礼に非ざれば動くこと勿れ**」《顔淵第十二》

〔礼に外れたことは見てはいけない、礼に外れたことは聞いてはいけない、礼に外れたことは言ってはいけない、礼に外れたことは行ってはいけない〕

と述べています。すなわち、生活の規範に合わないようなことをしてはならないということです。

以上、基本的な例を挙げて、孔子の自己を律するということについてお話ししました。

二　他人への接し方

第二番目は、他人に対してです。他人に対して最も大切なことは、「**仁は人を愛す**」《顔淵第十二》という言葉がありますように、仁徳のある人とは人を愛する心を持っている人のことです。また、人に接するときは、

「**言忠信《げんちゅうしん》、行篤敬《こうとくけい》**」《衛霊公第十五》

と孔子が言っているように、私たちの「言」（言葉）は「忠」（誠実）でなくてはいけません。つまり、

真実を話し、うそがあってはいけないということです。「信」というのは、言葉の中に信用がなくてはならないということです。また、「行」（行動）は「篤」すなわち手厚くあたたかであって、薄情なことではいけません。「敬」とは人に対して敬意を払うことです。ですから、孔子は、また次のように言っています。

「居《お》る処《ところ》に恭、事を執《と》りて敬、人と忠」《子路《しろ》第十三》

〔日常生活の中でも、恭しく身を慎むことを忘れない。どんな仕事のときでも、心を集中して謹み深く、尊敬の心を忘れないで働きなさい。また、どんな人に対しても誠実でありなさい〕

これは、私たちの日常生活は必ず慎みを深くしなさい、用事をするときは敬いをもってあたりなさい、ということです。例えば、自分の立場が会社員であろうと、学校の教師であろうと、公務員であろうと、その人自身がやらなければならない仕事は、必ず真面目に、責任をもって取り組まなければなりません。そして、必ず自ら進んで積極的に仕事をすべきであって、そうでなければ敬う気持ちは生まれてきません。また人と交わる場合も、必ず忠実で、偽りがあってはなりません。

次に、例えば古代においては君臣の別がありましたが、現代においても、いかなる団体でも上司と部下の区別があります。ですから、上に立つ人は下の人に対して、節度ある態度が必要で、決して下の人を召使いのように見なすことがあってはなりません。また下の人は上の人に対して、心から忠誠を尽くさなければなりません。以上が、他人と接する場合の、孔子が述べているいくつかの基本的な条件です。

三　世に処する

孔子は世に処していくには、主に

「恭・寛・信・敏・恵」《陽貨《ようか》第十七》

〔恭（慎みがあること）、寛（寛大であること）、信（言葉に偽りがないこと）、敏（物事の処理に敏速であること）、恵（恵み深いこと）〕

が必要だと言っています。

次に、何か事を起こす場合には勇気が必要です。孔子が言う「勇」というのは、人とけんかをしたりするような勇気ではありません。では、どのようにすることが、勇気があるということでしょうか。私たちは何か一つの問題に出合った場合、必ず慎重に、注意深く対応し、詳細な計画をめぐらしてから、はじめて実行に移します。このようにできる人こそ真に勇気がある人と言えます。また、何かの仕事に臨んで、自ら責任を負う態度も勇気があるといえます。ですから孔子は、

「必ずや事に臨みて懼《おそ》れ、謀《はかりごと》を好みて成さん」《述而《じゅつじ》第七》

〔仕事を前にして、慎重に対処の方法を考え、できる限り詳細な計画を練り、その上で計画を遂

行する〕

と述べています。

また、世に処していくにあたっては、当然できる限りの智慧を働かせなければなりません。孔子が、

「未だ知らず、焉《いず》くんぞ仁なるを得ん」《公冶長《こうやちょう》第五》

〔(忠実や潔白というだけでは) 仁と称することはできない〕

と述べているように、人が世に処していくには、その人の智慧を最大限に発揮して、初めて最高の域に達することができ、さもなければ愚鈍な人になってしまいます。ですから、その人の持っている智慧を高め、それを運用させることも大切な条件です。

また、孔子は、

「適《てき》も無く、莫《ばく》も無く、義と与《とも》に比《したが》う」《里仁《りじん》第四》

〔是非ともこうしなければならないと主観的に好悪を持つことなく、ただその場面に適合した、正しい道筋に従っていくのみである〕

と述べていますが、これはどういう意味かと申しますと、世の中すべての物事は、必ずこのようにしなくてはならないというものではなく、また、必ずこのようにしなくてもよいというものでもありません。ただ「義」を一つの標準にするべきだということです。

では、「義」というのはどういう意味でしょうか。「義」すなわち「宜」と同じ意味です。では何を

「宜」というか簡単に言いますと、学生であれば学生のように振る舞い、学校の先生であれば先生らしく振る舞わなければならないということです。世の中すべての物事は多岐にわたっており、一つの定まったものではありません。ですから、事を処するにあたっては、その人がとるべき態度や処理の方法は、必ずしもすべてが同じというわけではありません。自分自身で考えて当然処すべき理に適った態度をとるということが「義」ということです。

また、人が世に処するにあたって、孔子は、

「意毋《な》く、必《ひつ》毋く、固毋く、我《が》毋し」《子罕《しかん》第九》

と述べています。「意を絶つ」というのは、私たちは、はっきりした根拠もないことを勝手な憶測だけでやっていたのでは、誤った判断を下してしまいがちです。ですから、「意」（自分の勝手な考え）というのは不要です。「必を絶つ」というのは、どうしてもこのようにしなければならないと無理押ししてはならないことです。「固」は固執することですから、「固を絶つ」というのは、いかなる物事に対しても、固執しすぎてはならず、臨機応変でなくてはならないということです。必ずこうすべきだという執拗な態度では、往々にして通用しなくなることがあります。「我を絶つ」というのは、すべて自分の主観のみで物事にあたってはいけません。自分の主観だけに頼っていたのでは、客観的な条件を見失ってしまいます。

四　家庭のあり方

孔子は、家庭のあり方について、次のように述べています。

「孝なる乎《かな》惟《こ》れ孝、兄弟《けいてい》に友」《為政《いせい》第二》

〔これこそ孝行だ、親への孝行が兄弟の睦まじさに広がっていく〕

家庭においては父母に孝行をしなければなりません。そして、兄弟仲よくしなければなりません。

また、『孟子』には次のような言葉があります。

「夫婦に別《くべつ》あり」『孟子』《滕文公章句上《とうぶんこうしょうくじょう》》

〔夫婦それぞれに本分を持っている〕

これはどういう意味かと言いますと、家庭においてご主人はご主人で、奥さんは奥さんで、それぞれの役割があります。これを社会にまで広げて考えてみますと、お互いやるべき仕事の内容は一様ではないわけですから、お互い相手を干渉すべきではありません。すなわち、夫婦といえども、家庭にあっては、家庭上の任務はそれぞれ違っており、社会においても、当然違いがあって、相手が負っている責任や任務に対して煩わすことがあってはなりません。

五　社会に対するあり方

次は社会に対するあり方についてです。孔子は次のように述べています。

「老者は之を安んぜしめ、朋友《ほうゆう》は之を信ぜしめ、少者は之を懐《なつ》かしめん」《公冶長第五》

「老者は之を安んぜしめ」の意味は、お年寄りというのは、もう仕事をする力がありませんから、人に世話をしてもらわなくてはなりません。ですから、家庭にあっては、子供や孫たちは、当然お年寄りに安心して気楽に暮らしてもらえるようにしなければなりません。また、社会にあってはお年寄りというのは、第一線の仕事から引退し、年もとっているのですから、福祉事業で、お年寄りに楽しくて愉快な余生が送れるようにしてあげなくてはいけません。「朋友は之を信じ」というのは、社会における友人関係は、信用が最も大切だということです。「少者は之を懐く」というのは、私たちは幼い子供に対して、常に気を配ってやらねばなりません。例えば、現在、託児所や保育園、幼稚園などたくさんありますが、これらは子供たちにとって、なくてはならない生活の場であり、教育の場です。このように、私たちはただ自分のことだけを考えるのでなく、社会に目を向け、お年寄りや幼児に対して、それぞれに適した生活ができるように配慮しなければなりません。

もし私たちが孔子の説いたように、また実践したように自分自身に対して、他人に対して、物事に対して、家庭に対して、社会に対して、以上述べたようにすべてを実行しましたら、また、もし世界中の人々がすべて孔子が説くように実行できましたら、私たちの社会はどのようになり、どのような世界ができるでしょうか。ここで申し述べたいくつかは、きっとあらゆる分野にわたって、よき条件となり、私たちの修養になると思います。

六　欧米から注目されている孔子の思想

最後に、アメリカおよびヨーロッパの多くの学者と話し合った問題についてお話しいたします。彼らは「日本、韓国、中華民国（台湾）、シンガポール、香港では、近年どうして経済がこうも飛躍的に発展したのだろうか」ということについて大きな関心を寄せていました。当然、そこには科学の進歩、技術の発展があったからこそ、現在のような発展を遂げたわけですが、彼らはこの問題についてもう一歩深く研究を進めています。すなわち、科学の発展や技術の発達によるところ以外に、今日のような成果を得ることができたのは、孔子の学説（思想）に大いに関係があったと述べているのです。このような話を聞きますと、まるで関係のあるはずがないように思えますが、これは彼らが決して思いつきで述べているのではなく、非常に深く、非常に長い間の調査と研究によって得た一つの結論なのです。

今ここで、一つの会社を例に考えてみますと、もし、経営者が礼儀に欠け、部下の人格を尊重せず、恩恵を与えることをしなかったらどうでしょうか。果たして部下は上に立つ人に代わって、力の限り働いてくれるでしょうか。もし、社員が会社に対して、自分が責任を負うべき職務についても十分な忠誠も尽くさず、勝手なことをしていて、どうして会社が発展し、そして、十分な成果を得ることができましょうか。お互いに相手を思いやるようなこともなく、一つの気持ちになれなかったら、この会社はすぐに潰れてしまうでしょう。ですから、上に立つ人は常に下の人を尊重し、下の人は上の人に対して、できる限りの協力をして、組織の中で仕事を進めていくことです。このように、上下一体となった会社の事業が、どうして成功しないことなどありましょうか。上下心を一つにして、互いに努力しましたなら、必ずやこの事業は輝かしい成果を収めることができるでしょう。お互いがしっかり調和し、一つに団結していくのです。以上のような気風を持つ国家のもとでは、経済発展が最高の域にまで到達しないはずがありません。

では、今申し述べた国々には、どうしてこのような考え方があり、経済の発展がこうも最高の域にまで達したのでしょうか。それは意識的あるいは無意識的のうちに、孔子の人となりや仕事に対する基本的な教えが影響していたからこそ、すばらしい成果を生み出すことができたのです。

以上のように、私は、この数年来、たびたびアメリカやヨーロッパへ行き、彼ら学者が書いた研究成果を見るだけではなく、実際に彼らといろいろな形で接した結果、アジアの経済状況を研究している専門家や学者たちは、おおむね以上のような共通の見解を持っていることが分かりました。今、会社を例にとって話しましたが、これは拡大して国家の例にもあてはめることができます。国家の為政者と国民の間が、上下共々心を一《いっ》にしない国家に、どうして富強などがありましょうか。

本日は、決められましたテーマ以外に、私が最近会ってきた欧米の方々の考え方を、お話しいたしました。

（一九八四年九月二十七日、第十三回台北孔子生誕祭参列研修旅行での記念講演）

孔子の家庭教育についての考え方

本日は、「孔子の家庭教育についての考え方」と題してお話しいたします。このテーマなら一見簡単に話せそうに思えますが、少し問題があります。と申しますのは、どんな方でも家庭教育について何らかの考えをお持ちで、それを語ることができると思います。皆さん、いかがでしょうか。ところが、学術的な観点に立った場合、このテーマでは話すことが難しいのです。なぜかと申しますと、私ども学術的な立場にある者が話をするということは、その内容に何らかの根拠があって、初めてそれに見合った話ができるのです。そうしますと、今、孔子の最も古くかつ信頼できる歴史上の資料に基づいたとしても、孔子は家庭教育に焦点を絞って言及したという事実がないのです。つまり、何も根拠となるものがないということですから、話しようがないということになります。とは申しましても、「家庭教育」という表現がなかっただけであって、孔子が家庭教育に注意を払わなかったわけではありませんし、孔子に家庭教育の意識がなかったという意味でもありません。

一　女性の役割

さて、私どもの中国の家庭教育は非常に発達した過去があり、また現代においては新しい教育システムの下で、さらに関心が高まっているということはご承知の通りです。まず中国の歴史上において、いろいろな観点、種々の材料から家庭教育というものを見た場合、確かにこの数千年来、家庭教育の発達は、当然のことながら、孔子の思想に影響を受けていたと言うことが分かります。これに関して、以下、いくつかのお話をしたいと思います。

例えば、漢代において学術上でもこう言われています。一人の人間の家庭教育は女性によるところが大きいということです。もし女性が子供を産んでくれなかったらどうでしょう。世代が代々続いていきません。ですから家庭においての子供の存在というのは、女性の力に負うところが大きいのです。

次に、中国で重んじられていることは、子供が生まれてくるのを待って教育するというのではありません。母親のお腹にいるときから教育をしなければならないということです。いわゆる胎教と言われるもので、母親は懐妊したときからすべてのことに注意を払わなくてはなりません。どうしてかと申しますと、もし注意を払わなければ子供の将来のすべてに影響を及ぼすからです。

中国の幼児教育というのは、生まれてきてから教育をするのではなく、母親のお腹にいるときからすでに教育が始まっているのです。そして、この教育というのは、この母親となる人の人となりにほかなりません。子供が胎内にいるときは話もできませんし、いかなることも分からないわけですが、いかにすれば子供自身に影響を与えることができるでしょうか。それは母親の言葉、行動、そしてよい話や片寄りのない話などすべてが、お腹にいる子供の生まれてからのすべてに影響を及ぼすのです。このように中国で家庭教育に注意するということは、子供が生まれてその後というのではなく、生まれる以前から子供自身の将来の教育について目を向けることなのです。これは中国の幼児教育において最も重要視している点です。

二　「孟母三遷」の教え

子供が幼いときの教育については、皆様ご承知の「孟母三遷」という話があります。

「鄒《すう》の孟軻《もうか》（孟子、軻は名）の母や、孟母と号す。其の舎《しゃ》墓に近し。孟子の少《わか》きとき、嬉遊《きゆう》するに墓間《ぼかん》の事を為《な》し、踴躍築埋《ようやくちくまい》す。孟母曰く、此れ吾の子を居処《きょしょ》せしむる所以《ゆえん》に非ざるなり、と。乃《すなわ》ち去りて市傍《しぼう》に舎《しゃ》す。其の嬉戯《きぎ》するに賈人衒売《こじんげんばい》の事を為す。孟母又曰く、此れ吾の子を居処せしむる所以に非ざるなり、と。復《ま》た徙《うつ》りて学宮《がくきゅう》の傍《かたわら》に舎す。其の嬉戯するに、乃ち俎豆《そとう》を設け、揖譲《ゆうじょう》進退す。孟母曰く、真に吾が子を居らしむべし、と。遂に之に居り。孟長ずるに及

び、六芸《りくげい》を学び、卒《つい》に大儒《たいじゅ》の名を成す」『列女伝《れつじょでん》』《巻一母儀《ぼぎ》伝《でん》》

〔鄒（山東省鄒県）に住む孟子の母の話。世に孟母という。その家は墓地に近かったので、孟子が幼い頃、葬礼のまねごとばかりするので、母は「ここは子供を住まわせておく場所ではない」と言って、市場の近くに引っ越した。すると、今度は商人が客をだまして、うまく売りつけるまねごとばかりをするので、母は「ここは子供を住まわせておく場所ではない」と言って、学校の近くに引っ越した。すると、今度は祭祀の器を置き、手を胸の前で組んで、相手を譲る礼儀の所作をまねるようになった。孟母はここそがわが子を住まわせるところだとそこに住み、孟子は成長すると君子に必要な六種の経書（易・詩・書・春秋・礼・楽）を学び、とうとう偉大な儒者となり名声を得た〕

第22回孔子生誕祭の前日、孔徳成氏による講演
（平成５年〔1993〕９月27日）

このように家庭の環境が子供の将来に大きく影響を及ぼしかねないと母親が心配してくれたからこそ、孟子は中国の偉大な学者となれたわけです。当時においても母親が環境に高い関心を払っていたということですが、また古くから言い伝えられていることに、人というのは往々にして環境に左右さ

れるものです。すなわち、

「朱に近づく者は赤く、墨に近づく者は黒い」《晋・傅玄《ふげん》》

という言葉があります。赤いものに近づいていくとあなたも段々赤くなっていきますし、黒いものに近づいていけば段々と黒くなっていきます。これこそ何事も環境というものに大きな関係があるということではないでしょうか。今「孟母三遷」のお話をしましたように、子供の教育は環境というものが大きく左右するということです。

三 「身を以て教える」

次に、家庭の教育にあたって、現在では科学が発達し大きく変わってきていることは言うまでもありませんが、私どもは子供の環境を考える以外にもう一つ、父であり母であるその人たちが子供に話す話は言うに及ばず、行動においても必ずや正しくなければなりません。あなた自身が模範的な言動がとれないのに、あなた自身の子供に、将来、学問があり道徳的な人となれるよう望むことができるでしょうか。そんなことはありえません。そして、これは家庭教育ばかりでなく、正規の教育の現場においても、先生たる人は必ずこうでなくてはなりません。先生というのは知識を伝えることは重要なことですが、ただ知識を伝えるばかりでは青年の将来に大切なものを与えることはできません。最も大切なことは自分自身が身をもって示すということです。

「身を以て教える者は従い、言を以て教える者は訟《あらそ》う」『後漢書《ごかんじょ》』

〔自らが身をもって教えた場合は従ってくれるが、言葉でもって教えた場合は争いになる〕

要するに自らが模範となって示すということです。もしこのように教え導くことができましたら、必ず若い人はあなたについてきますが、そうではなく、ただ口先だけで、その話も飾り立てて吹聴するだけであれば、その結果は、単に言葉につられてくるだけであって、決して若い人の人生に影響を及ぼすようなことはないのです。ですから私ども中国人は、家庭教育も学校教育もどちらも良くなくてはと思っていますし、また、身をもって教えることが言葉で教えることよりも大切だと思っております。このことは大変重要なことです。父であり母である人は、家庭にあっては必ず自分自身を律するようにしていただきたいと思います。もしあなた自身が自らを律することができましたら、自分の子供というのは自然に良くなるものです。もし自分自身を律することもできないのに、自分の子供が良くなるようにと望んでも、それは無理なことです。こうした道理は簡単で分かることです。ただ、大切なことは自信をもって実行できるかということです。このことは何ら深刻な問題ではないし、簡単なことだと思います。

四　「庭訓《ていきん》」（孔子の家庭教育）

最後に、孔子は子供の教育についてどうであったかということについてお話ししたいと思います。『論語』に孔子自身の子供に対する教育について、次のような話があります。

「陳亢伯魚《ちんこうはくぎょ》に問いて曰く、子も亦た異聞《いぶん》有るか、と。対《こた》えて曰く、未だし。嘗《かつ》て独り立てり。鯉《り》趨《はし》りて庭を過ぐ。曰く、詩を学びたるか、と。対えて曰く、未だし、と。詩を学ばざれば、以て言うこと無し。鯉退きて詩を学べり。他日又独り立てり。鯉趨りて庭を過ぐ。曰く、礼を学びたるか、と。対えて曰く、未だし、と。礼を学ばざれば、以て立つこと無し、と。鯉退きて礼を学べり。斯の二者を聞けりと。陳亢退きて喜びて曰く、一を問いて三を得たり。詩を聞き、礼を聞き、又君子の其の子を遠ざくるを聞くなり」《季氏《きし》第十六》

〔弟子の陳亢が孔子の一人息子の伯魚〔姓は孔、名は鯉、字が伯魚〕に対して「あなたは父上から何か特別な教えを受けたことがありますか」と尋ねた。伯魚は「いいえ。ありません。かつて、父が縁側で一人立っていたとき、私が小走りに中庭を通り過ぎようとしましたら、父は私を呼びとめて『詩を勉強したか』と尋ねられましたので『いいえ、まだです』と答えましたところ『詩を学ばねば世間に立ち交わり、十分にものが言えないぞ』と教えられましたので、引き下がって詩の勉強をしました」と答えた。また、「他日同じように、父が縁側で一人立っていたとき、私が小走りに中庭を通り過ぎようとしましたら、父は呼びとめて『礼を勉強したか』と尋ねられましたので『いいえ、まだです』と答えましたところ『礼は社会的規範であるから、身につけることによって世に処していくことができるぞ』と教えられましたので、引き下がって礼の勉強をしました」と答えた。陳亢は詩と礼の二つのことを聞いて、伯魚の前を引き下がり喜んで次のように語った。ご子息に「父上から何か特別な教えを受けたことがありますか」と一つのことを尋ねたら、三つのことが分かった。それは、「詩」と「礼」の大切さと「君子は自分の子を遠ざけて特別扱いしない」ということであった」

この話を引用しました訳は二点あります。一点は、孔子は息子に何を教えたのでしょうか。最も大切なことは「詩」（『詩経』）と「礼」（『礼記』）を学ぶことです。「詩」の教育が大切なのは人の内面にある心の陶冶をするということ、「礼」の教育が大切なのは、社会人として暮らす道を教えてくれるということです。もう一点は、孔子は自分の子供の教育と弟子の教育は同じであったということで、自分の子供を決して偏愛することがなく、だれにも平等に接していました。弟子に何かを教えるときも、自分の子供に教えるときと同じように、孔子には私心というものが全くありませんでした。教育とはこうあるべきで、家族や学生に対しても同じようでなくてはなりません。

人はどのようなことをするにしても、利己心というものを抱くようになります。もしこの利己心を取り除くことができましたら、いかなる事業も成功するでしょう。皆様の中には、事業において指導的な立場の方もおられると思います。事業の成功を望まれるなら、常に利己心を持たないことが必要です。利己心がなくて、すべてに公平であれば、事業は必ず成功するでしょう。もし公平でなく利己的でありましたら、一時的な成功はありましても将来はきっと失敗してしまうでしょう。どうか私のこの話をご記憶いただきたいと思います。

（一九九三年九月二十七日、第十三回台北孔子生誕祭参列研修旅行での記念講演）

現代社会と孔子の思想

一　現代社会が抱える問題

さて、二十世紀はすでに最後の十年に入ろうとしておりますが、過去の歴史を回顧するまでもなく、あるいは前途を展望したとしても、我々は皆、近代科学の成果と人文思想が世界にもたらした巨大な衝撃と震撼《しんかん》を感受したのでした。人類が現代社会で処してきた中で、一方では物質文明の簡便さに喜びを感じ、一方ではごたごたと乱れた社会現象に対して、ますます疑問とためらいを感じてきました。また、戦争と飢餓は依然として世界各地で発生しており、今もって絶えたことはありません。犯罪率はどの国においても高くなってきており、人と人との関係も日増しに冷淡になるばかりで、人生の意義も多くの人たちの心の中では曖昧になってきています。人類の幸福も過去に予期したようにはなっていないようです。つまり科学がこのように発達した現代社会に、どのような問題が発生したでしょうか。また、問題はどのように解決しなければならないでしょうか。これは一人ひとりが深く考えるに値する問題だと感じています。

二　文明発展の課題

私は人類の文明の発展が今日までに至ったのは、三つの尊重すべき要素があったからと考えています。第一は人間性の尊厳を自覚したこと、第二は知識は無限の可能性を備えているということの発見、第三は平和共存で天下は一つという理想です。

一方、人類の文明は三つの不良な傾向も持っています。第一は反人間性であり、第二は反理性であり、第三は侵略と迫害です。我々がもしこの不良な傾向を克服しようとするならば、当然ながらこの尊重すべき要素を発揚し、その上、この三つの要素を必ず結合させなければなりません。もしその一つを欠くようなことがあれば、必ずや人類の文明に大きな災難がもたらされることになるでしょう。

こうした観点から論じてみますと、現代社会はこの三つの尊重すべき要素を強大にすると同時に、三つの不良な傾向を持つ思想を排斥することを広く伝える必要があります。私は孔子の思想こそが正しくこの要求に合致したものであると思います。

三　道徳と知識・理性

さて、孔子は人文主義者であって、ほとんど中国古代の天命観というものから抜け出していました。そして人間の価値は、必ず人間そのものから認めなければならないと言っております。生活の意義はただ人間関係のお互いの行動の中からよくよく観察して初めて定まった評価が与えられます。人間の価値というものは「成徳」にあります。「成徳」というのは君子になるということで、「成徳」の最高の境地は「仁」です。「仁」には、義（正義）、礼（礼節）、孝（孝行）、悌（親や兄に仕える）、忠（忠義）、恕（思いやり）、愛（愛情）、信（信用）、直（公正）などの徳目を含んでいて、「仁」の境地に達するには学習が必要です。その学習には、「学文」と「約礼」を包括しています。「学文」とは、すなわち客観的な知識の追究を重視しますが、それは事の処理に当たってはよく理性的な判断ができるようにするためです。「約礼」とは実際の人間関係の動きの中で徳を磨くということです。

『論語』では学而篇（学問をする）が冒頭の章になっていますし、『荀子』では勧学篇（学問の勧め）を第一章としていることからも、先秦の儒学者はよく孔子学説の精神を把握していたことが見てとれます。言葉を変えて言いますと、孔子は道徳を重視していましたが、また知識と理性も重く見ていました。道徳とは目標であり、知識と理性は導きです。知識と理性の導きがあって、はじめて愚かであったり欺いたりする失敗を起こすことがないのです。そして、よく修養と鍛錬を重ねれば非の打ちどころのない人格となり、さらに和やかで活力に富んだ社会の建設へと発展していくのです。この点からしましても、孔子の思想と世界でいくらか影響力を持つ道徳家や宗教家の主張と比べても明らかな差があって、この点を十分に注視し研究する価値があると思います。

四　孔子の思想

倫理について

以上述べましたことを基にしますと、孔子の思想は倫理、政治、経済、学術の四つの部分から説明することができます。まず倫理についてですが、孔子はまず自分自身の修養から出発し、次に自身を顧みて人の身になって推し量るべきだと主張しています。そして、厳しく己を律し、いかなる言動も気ままに振る舞うことなく、他人には寛容の心を持って、他人に同情を向ける恕の道を究めようと、あれこれと方法を講じるのです。ただし、これは相対的な倫理を強調するのであって、絶対的な倫理を主張するものではありません。いわゆる、

「父は慈、子は孝、兄は良、弟は弟」『礼記』《礼運《れいうん》》

〔父は子に対して慈しみ、子は父に孝養を尽くし、兄は弟を穏やかに導き、弟は従順に兄に仕える〕

「君は臣を使うに礼を以てし、臣は君に事《つか》うるに忠を以てす」『論語』《八佾《はちいつ》第三》

〔上位の者は下位の者に対して、まず礼の心で接するのが第一で、下位の者は真心を込めて上位の者に仕える〕

といった言葉がありますが、これらは皆相対から出た言葉です。

政治について

次に政治に関してですが、孔子は「正名（大義名分）」を主張しましたが、それぞれに地位を得ている官吏が本分を固く守ってこそ、政治倫理が確立され、正常な運営が維持できるのです。また実際に政治を行う上で、孔子は「徳は政治の本である」という「民本主義」の考え方を持っていましたから、道徳こそが政治の根本であると認識し、民意と人々の福祉を重視しなければならないと主張しました。また、苛酷な政治や厳しい税の取り立てには断固として反対しました。国際的には、好戦的でみだりに武力を行使することや侵略に反対しましたが、戦争というのは暴政に対する懲罰を唯一の目的としなければならないと考えていました。

経済について

経済面での孔子の主張は、皆が揃って豊かになるということでした。孔子は経済問題を考えるとき、他人の財産を奪うような方法で自己を満足させるようなことは許されず、必ず公平な経済制度のもと、安定した社会秩序を確立すべきであると言っています。このような条件があってこそ順調に生産ができ、公平に分配され、民に財産が蓄えられるのです。政治、経済に関する孔子の主張は、倫理思想の延長線上にあると言えます。

学術について

学術面では、孔子はできるかぎり多く他人の意見を聞き、疑わしきことがあれば保留にして慎重を期すること、実際の状況に基づいて事物の真相を求めるべきと主張しています。そして自分の意見のみが一番だと、自説に固執し、何事にも頑固で執着し過ぎることに反対しましたが、とりわけ人を欺くようなごまかしや荒唐無稽《こうとうむけい》なことには強く反対しました。

また、孔子は該博な知識を持ち、批判の精神に富み、良いものを選ぶことにこだわり、そして臨機応変に対応できたということです。これは孔子が知識と理性を重視したことと一致するもので、孔子の思想は弾力性と包容性を併せ持っていたことの証です。

以上のことから、我々は孔子の思想と三つの貴ぶべき要因とは相合致しているということが理解できますし、同時にこの三つの要因を強調し、三つの良くない傾向を排斥しようというのです。そして、その思想には一方に偏るといった弊害はありませんし、人類の進歩を妨害するような要素あるいは後遺症をもたらしません。例えば自己中心、排他性などの欠点がその思想の中に隠し潜んでいるわけではないのです。ですから、合理と恒久の特性を兼ね備えたものということです。

また、もう一方の角度から見てみますと、孔子の思想と当代の知識ある人物が吹聴するところの人道主義、民主制度、社会福祉、科学的精神などとは、決して矛盾するところがないのです。このようなことから、私は積極的に孔子の思想を研究し、推し広め、発揚することが、現代社会においてはまさしく正当の価値と必要性があるものと思います。

なお、廣池千九郎博士はこうした点について研究を深められ真価を発揮されました。私は皆様方が廣池博士の遺訓を受け継がれ、全世界の平和と安寧が達せられるよう、さらに努力を重ねられて、博士のご遺志を継がれますことを心より希望いたします。

（一九九〇年九月二十七日、第十九回台北孔子生誕祭参列研修旅行での記念講演）

孔徳成先生事績

孔徳成先生は諱《いみな》が徳成、字《あざな》を玉汝《ぎょくじょ》、号を達生《たっせい》と言い、後に字を達生としました。孔子第七十七代の直系子孫で、民国九年（一九二〇）二月二十三日（農暦正月四日）山東省曲阜《きょくふ》の孔府《こうふ》で誕生しました。父の燕庭公《えんていこう》（諱は令貽《れいい》）（第七十六代の直系子孫・孔令貽）は第三十一代の衍聖公《えんせいこう》（編注＝北宋の仁宗が孔子の子孫に賜った世襲の爵位）でした。生母は王《おう》夫人でした。燕庭公には徳斎《とくさい》・徳懋《とくぼう》の二人の娘がいました。民国八年（一九一九）年末に燕庭公がこの世を去ったため、王夫人に宿った子は男か女か、国を挙げての関心事となりました。間もなく出産というとき、北洋政府（編注＝袁世凱が編制した北洋新軍を母体としてできた北京政権）は特に山東省の省長屈映光《くつえいこう》を孔府に派遣して安否を尋ねさせるほどでした。先生が誕生すると、曲阜の全城では爆竹を打ち鳴らして慶祝しましたが、政府もまた十三発の礼砲を鳴らして後裔の誕生を祝賀しました。王夫人は産褥《さんじょく》熱で急逝したため、陶《とう》奥様に育てられることになりました。満百日のとき、北洋政府の徐世昌《じょせいしょう》大総統は第三十二代の衍聖公の爵位世襲の令を発しました。
先生の幼時は呉伯簫《ごはくしょう》等に就いて英文を学び、詹澄秋《せんとうしゅう》に就いて琴を習いました。また、傅育《ふいく》係がついている年ごろ、陶奥様もこの世を去り、日常生活のすべては師傅《しふ》の王子英《おうしえい》が世話をし、また、呂鴻陞《ろこうしょう》を師として古典の経書や詩文を学び、王樸學《おうぼくがく》に就いて歴史、地理を学び、後には清代の経学の学者・荘陔蘭《そうがいらん》を師として宋儒の学や書法を学びました。

民国二十四年（一九三五）春、先生は衍聖公の爵位を辞し、国民政府は特任の大成至聖先師奉祀官《たいせいしせいせんしほうしかん》としました。七月八日には正式に南京国民政府の職に就き、蔣介石《しょうかいせき》委員長がみずから祝賀に赴きました。そして、同年夏には清朝の状元《じょうげん》（編注＝官吏登用試験で、天子が行う最終試験に一番で合格した者）で著名な官吏・孫家鼐《そんかだい》の曾孫娘である孫琪方《そんきほう》と結婚しました。

抗日戦争で軍の動きも活発になり、政府は特に官員を派遣して先生夫妻を漢口にまで付き添わせましたが、民国二十七年（一九三八）には重慶の歌楽山《からくさん》に転居、国民参政会参政員を務めました。先生が奉祀官に就任した当初、政府は国学の長老である丁惟汾《ていいふん》を先生の教育係として招聘し、居住地にまで赴かせましたが、丁老師は高齢ではあったものの毛詩《もうし》（編注＝『詩経』の別称）から古代声韻《せいいん》の学までを教え、すべてを諳《そら》んじるようになるまで続きました。また、先生は山東省図書館長・王献唐《おうけんとう》に就いて青銅彝器《せいどういき》（編注＝宗廟に供えておく儀礼用の道具）と古代文字の学を修めました。抗日戦争の八年の間、先生は学問研鑽に没頭し、重慶は南北学者の精粋が参集する場となり、先生の交友は日増しに盛んとなり、見聞も日々広がり、切磋し得るところも多く、その学問への探究心はますます堅固なものとなりましたが、みずからを道統と任じることもなく、その生涯を終えるまで、初志を翻すことはありませんでした。

抗日戦争に勝利し、先生は国民政府が南京政府に遷都したことに伴い、急ぎ闕里《けつり》（曲阜）に戻りました。民国三十五年（一九四六）、憲法で定められた国民大会代表に就任しました。三十七年（一九四八）には国民大会代表（民国八十年辞職）および総統府資政《しせい》（編注＝総統顧問、民国八十九年まで）に就任しました。また、政府は先生を公費で米国留学に派遣、そこでは教育係と同居、親しく指導を受けました。その後、エール大学より名誉研究員として招聘を受け、日々学者との往来を重ね、学問を論じ、学術的な見識がますます深まっていきました。民国三十八年（一九四九）三月帰国、教育部長（教育大臣）杭立武《こうりつぶ》の招聘を受け、広州、香港、マカオなどにて学術講演を行い、倫理道徳の再興を呼びかけました。

民国三十九年（一九五〇）、家族そろって台湾に移り、台中の奉祀官府に居を構えました。民国四十五年（一九五六）七月、故宮博物院・中央博物院聯合《れんごう》管理処主任委員に就任、五十二年（一九六三）四月には職を辞しました。また、民国五十四年（一九六五）から九十三年（二〇〇四）まで、故宮博物院管理委員会常務理事を務めました。民国四十六年（一九五七）には、日本の道徳科学研究所（編注＝現・公益財団法人モラロジー研究所）の招請に応じ、訪日して講演、約一か月あまり滞在し、各地を訪問、至る所で真心のこもった歓迎を受け、多くの面会希望者で引きも切らず、天皇や首相も特別な礼遇でもって面会しました。

民国四十七年（一九五八）には、ベトナム孔学会の招請に応じ、サイゴンにて講演、ベトナム政府と孔子学説の振興による倫理道徳強化のための諸問題について討議を重ねました。民国四十八年（一九五九）には、韓国の成均館《ソンギュングァン》大学校の招請を受けソウルに赴き講演、韓国の李承晩《イスンマン》大統領から賓客としての待遇を受けました。その後、たびたび海外に出国、当地の学者と最高レベルの交友を重ねた結果、外国から台湾を訪れる人々は尊敬の念をもって先生を訪ね、その往来は終始途切れることはありませんでした。

民国四十四年（一九五五）から、先生は台湾大学中国文学科および考古人類学科の兼任教授として招聘を受け、逝去するまで五十三年間務めました。その間、台湾師範大学、中興《ちゅうこう》大学、輔仁《ほじん》大学、東呉《とうご》大学で兼任教授として教鞭を執りましたが、その講義内容は「三礼《さんらい》」（編注＝中国の古礼を記した『儀礼』『周礼』『礼記』の総称）「金文《きんぶん》」（編注＝青銅器などに刻まれた銘文）「殷周《いんしゅう》青銅彝器」などの科目で、教えを受けて大成した学生は多数に上りました。先生の講義は、謹厳で乱れるところなく、理論の分析は微に入り細に入ったもので、疑わしき箇所では保留して慎重を期すようにと強調しましたが、これは五四《ごし》運動以降の科学的精神を重視する影響を受けたものだと思われます。民国五十四年（一九六五）には、東亜学術計画委員会の賛助で、台湾大学中国文学科の臺静農《たいせいのう》主任が指導する中国文学科と人類学科院生曽永義《そうえいぎ》ら十数名と共に、出土資料の『儀礼』経文の験証を行い、後に『儀礼復原叢刊《ぎらいふくげんそうかん》』としての著述が成り、これらおよそ十余種を台湾中華書局より出版しました。民国五十六年（一九六七）には、自費にて「儀礼士昏礼《ぎらいしこんれい》」の白黒映画撮影を指導、これは鄭玄《ていげん》以来の礼の図表でつながりがなかった欠陥を突破したばかりでなく、世界で初の古代からの礼式を解説した映画となりました。民国八十九年（二〇〇〇）には、弟子の葉国良《ようこくりょう》がカラーの3D動画に改編し、今も世に伝えられています。

民国七十三年（一九八四）四月、政府の手配で、二男孔維寧《いねい》および台湾大学郭博文《かくはくぶん》、黄啓方《こうけいほう》両教授の随行で、オランダ、ベルギー、英国、西ドイツ、フランス、オーストリア、スペイン、イタリアの八か国を訪問、至る所でメディアの丁重な取材を受けて報道されましたが、講演は十三会場に上り、どの会場も席が埋まり、空前の盛況でした。また、ローマ法王庁ではパウロ二世法王に面会、和やかな談笑で盛り上がりました。東西の巨人の面会はまことに今世紀の盛事であったと言えます。八月には、蒋経国《しょうけいこく》総統が先生を考試院（編注＝政府組織である行政・立法・司法・考試・監察の五院の一つ）院長に指名、九月に就任しました。およそ八年余にわたる在任中は、公務員の試験選抜および人材選考に関する法規上の改定を行い、相次いで「公務員考試法」「専門職業および技術員考試法」「公務員昇任考試法」「典試法」（編注＝台湾における公務員試験の一般原則についての規定法規）「公務員任用法」「公務員俸給法」などの制定に尽力しました。また、民国九十一年（二〇〇二）には再び総統府資政に就任しました。

先生は長身で立ち姿は堂々としており、風采《ふうさい》は瀟洒《しょうしゃ》、声は鐘が鳴り響く如くで、笑い声はすがすがしく朗らかでした。平生は倹約し、質素で自らを律し、院長在任期間中も官舎に入らなかったことからも、その他のことは推して知るべしです。俸給が入れば惜しむことなく友人や学生と食事を共にしました。普段は謹厳で近寄りがたく見えましたが、気持ちは実に温かく、尊卑の区別なく交際、すべての人に優しさとユーモアで接しました。門人との酒席では、清朝および民国初頭の政談の故事来歴を好んで語りましたが、近代政治に関しては決して口にしませんでした。また京劇《きょうげき》や崑劇《こんげき》の戯曲は家宝のことでも語るがごとく熱が入り、それに吟詠もできましたが、このことを知る人は少なかったようです。ところで、先生のことを十分に理解できていない人は、先生のことを、書法に長《た》けている、食に精通していることをはばからない、酒は底なしだとしか語りませんでしたが、先生のことを真に知る人は、先生の学問や人品にはますます畏敬するところ多く、学者や教授、弟子や門下生に対してまで、礼節をもって丁重に接してきたことを承知していました。広く教育者を見渡しても数十年近くにわたって先生を措いては見られなかったことで、まさしく師道の尊厳を十分に発揮してきた老師でした。こうしたことから、韓国の嶺南《ヨンナム》大学校、成均館大学校、日本の麗澤大学、そして台湾大学から名誉博士の学位を贈られましたが、これぞ見せかけの誇りではなかった証《あかし》です。

民国九十七年（二〇〇八）初め、先生はすでに八十九歳、それでもなお毎週、台湾大学での授業は続いていました。しかし、四月以降は体力が続かなかったのか、弟子が代わって授業を担当するようになりました。そして、次第に起き上がることもかなわなくなり、家人が入院を勧めますが、検査の結果ではこれといった病は見つかりませんでした。体力が徐々に衰弱していった結果でしょうか、十月二十日には、肺炎に敗血症を併発、近くの新店《しんてん》市慈済病院に緊急入院、二十八日午前に至って永遠の眠りにつきました。まさに哲人が死せんとするは、泰山《たいざん》も崩れるが如しでありました。海外国内を問わず多くの人々が哀悼の誠を捧げました。こうして先生がお亡くなりになったことを型どおりの言葉で表現すればよいのでしょうか、はたまた何と言い表せばよいのでしょうか！

先生は二男二女に恵まれました。長男維益《いえき》は、政治大学中国文学科を卒業、教職に就いていましたが、民国七十八年（一九八九）逝去。二男維寧は、輔仁大学中国文学科を卒業、現在は黎明《れいめい》技術学院の教授。長女は維鄂《いがく》、二女は維崍《いらい》。直系の孫は垂長《すいちょう》。孫娘は垂梅《すいめい》、垂玖《すいきゅう》、垂永《すいえい》。曾孫は佑仁《ゆうじん》、曾孫娘は佑心《ゆうしん》。聖人の後裔である家庭を、世を挙げ、思いを込めて見守っていきます。

孔徳成先生葬儀委員会　謹述

（二〇〇八年十一月三十日　孔徳成先生葬儀の際配布された「孔徳成先生訃告」を翻訳のうえ転載）

孔徳成略歴およびモラロジー研究所・廣池学園との交誼の軌跡

一九〇八年
〔三月〕　廣池千九郎が中国法制史研究のため訪中。北京の孔子廟を拝廟
一九一九年
〔十一月八日〕　孔子第七十六代裔孫・孔令貽（孔徳成の父）が北京にて逝去、享年四十七歳
一九二〇年　一歳
〔二月二十三日〕　孔子第七十七代裔孫・孔徳成が山東省曲阜県孔府にて誕生（陰暦一月四日）。第三十二代「衍聖公」の封号を継承
一九二五年　六歳
孔子の祭祀にあたって正式な祭主となる
一九二九年　十歳
六十年ごとに行われる「孔氏一族修譜（孔家家系図大修訂）」の総裁に就任
一九三四年　十五歳
〔五月三十一日〕　国民党が毎年八月二十八日孔子誕生日として孔子祭を行うことを決定
〔八月十日〕　廣池千九郎が中国公使館を訪問、孔徳成に『道徳科学の論文』を献本
一九三五年　十六歳
〔五月三日〕　湯島聖堂での孔子祭、儒道大会（斯文会主催）参列のため来日した孔子第七十一代子孫・孔昭潤、顔回第七十四代子孫・顔振鴻の二名が道徳科学専攻塾（麗澤大学の前身）を訪問
〔七月八日〕　南京国民政府が「衍聖公」の封号を「大成至聖先師奉祀官」（特任官）と改称、孔徳成が最年少の特任官に就任

〔十月十六日〕　孔徳成が孫琪方（安徽省出身、元礼部尚書（長官）孫家鼐の曽孫娘、十七歳）と結婚
〔十一月〕　孔徳成より廣池千九郎に「日孜孜」（『書経』《虞書・益稷》）と「毋意毋必毋固毋我」（『論語』《子罕第九》）の二幅の書が贈られる

一九三八年　十九歳
〔六月四日〕　財団法人道徳科学研究所（現・公益財団法人モラロジー研究所）・学校法人廣池学園創立者、法学博士・廣池千九郎が群馬県大穴にて逝去、享年七十二歳

一九三九年　二十歳
〔十一月七日〕　孔徳成の長男・孔維益（孔子第七十八代裔孫）が四川省重慶にて誕生（中国文化大学教授を歴任、～一九八九・二・二十六）

一九四七年　二十八歳
〔十一月五日〕　孔徳成の二男・孔維寧（孔子第七十八代裔孫）が誕生（黎明技術学院教授を歴任、～二〇一〇・六・十）

一九五〇年　三十一歳
〔三月〕　家族と共に台湾に移り、台中の奉祀官府に居を構える

一九五五年　三十六歳
〔五月〕　台湾大学教授に就任。台湾師範大学、中興大学、輔仁大学の兼任教授として教鞭を執る。五十三年間、現役として「三礼（儀礼・周礼・礼記）研究」「金文研究」「殷周青銅彝（い）器研究」の講義を担当

一九五七年　三十八歳
〔七月〕　国立故宮博物院、中央博物院聯合管理処主任委員（現・院長）に就任
〔十月十三日〕　孔徳成、道徳科学研究所第二代所長・廣池千英の招聘により初来日。翌十四日、湯島聖堂での孔子祭に参列後、東京、大阪、京都、名古屋ほか各地で「孔子の思想と精神」と題して講演。昭和天皇より観菊会に招かれ、吉田茂元首相との会見などを終え、十一月五日帰国

一九五九年　四十歳
〔十月六日〕　韓国・成均館大学校名誉文学博士授与の帰途、廣池学園で学生、教職員に挨拶。十月十日、中国大使館での双十節

パーティーに出席後帰国

一九六八年　四十九歳

〔八月十八日〕　道徳科学研究所所長、廣池学園理事長・廣池千英逝去、享年七十五歳

一九七二年　五十三歳

〔九月二十八日〕　第一回台北孔子生誕祭参列研修団一二五名〔道徳科学研究所主催〕が訪台。以後、孔子祭前夜の孔徳成による講演、会食、孔子祭参列が毎年の恒例となり、二〇一六年十月現在、合計四十五回、延べ約三千余名のモラロジー研究所会員が参列

一九七三年　五十四歳

〔九月七日〕　第二回日中文化研究会議〔日華民族文化協会主催〕に出席のため来日。九月八日、廣池学園で「孔子の生涯とその思想」と題して講演、九月九日帰国

一九七四年　五十五歳

〔十一月〕　関西師友協会の招きで来日。十一月二十一日、モラロジー研究所で「孔子の仁愛の思想について」と題して講演

一九七五年　五十六歳

〔七月一日〕　孔維益の長男で孔徳成の孫にあたる第七十九代裔孫・孔垂長が誕生

〔十月八日〕　モラロジー研究所所長・廣池千太郎の招聘で、モラロジー創建五十年記念中央集会に来賓として出席のため孫琪方夫人、長男・孔維益、二男・孔維寧、孫娘・孔垂梅〔孔維益の長女〕ら家族と共に来日。十月九日、「孔家二五〇〇年の歴史と伝統」と題して廣池学園で記念講演

一九七七年　五十八歳

〔十月十七日〕　佐賀県多久聖廟の招きで来日。十月二十四日、モラロジー研究所で「伝統と仁愛の精神」と題して特別講演

一九七九年　六十歳

〔八月十三日〕　日華教育研究会に出席のため来日。八月十四日、モラロジー研究所で「道徳と科学」と題して特別講演

一九八一年　六十二歳

〔十一月五日〕　廣池千太郎の招聘で、二男・孔維寧と共に来日。十一月六日、「孔子の道徳思想について」と題して特別講義

一九八二年　六十三歳
〔一月十五日〕中華民国教育部の招聘で麗澤大学学長・廣池千太郎夫妻が訪台。孔徳成の自宅を表敬訪問。淡江大学、東呉大学、中国文化大学など教育機関を視察、孔徳成をはじめ教育部長（文部大臣）、淡江大学張建邦学長などが招宴
〔三月四日〕「台北市道徳科学研究会」設立大会に来賓として出席、祝辞を述べる
一九八三年　六十四歳
「中華民国書法展」に団長として来日
一九八四年　六十五歳
〔六月十一日〕孔徳成夫妻の来日。六月十五日、モラロジー研究所を訪問
〔九月〕蔣経国総統の指名により考試院（立法院、行政院、司法院、監察院と並ぶ五権の一つ）院長に就任（～一九九三年二月）
一九八五年　六十六歳
〔三月八日〕麗澤大学生の第一回淡江大学留学実施に伴い麗澤大学学長・廣池千太郎夫妻が訪台。教育部、考試院、淡江大学、交流協会台北事務所などを表敬訪問。考試院孔徳成院長、淡江大学張建邦学長より招宴を受ける
一九八六年　六十七歳
〔九月二日〕「蔣介石先生遺徳顕彰記念会」の団長として来日。九月八日、モラロジー研究所で「蔣介石先生と東洋文化」と題して講演。翌九日、モラロジー研究所谷川記念館を訪問
〔十一月二十七日〕廣池千太郎が訪台の際、考試院に孔徳成院長を表敬訪問
一九八八年　六十九歳
〔六月〕モラロジー研究所所長・廣池千太郎の招聘で、廣池千九郎没後五十年記念中央行事に来賓として出席のため来日。六月四日、「伝統の日」感謝式（モラロジー研究所・廣池学園主催）に参列、「孔子の思想の本質とその精神的伝統の現代的意義」と題して記念講演。二男・孔維寧が随行
一九八九年　七十歳
〔一月二十一日〕モラロジー研究所所長、廣池学園理事長・廣池千太郎がブータン王国にて逝去、享年六十七歳。『追憶廣池千太郎先生』に孔徳成から記念文が寄せられる

〔三月五日〕　麗澤大学学長・廣池幹堂夫妻が淡江大学学生寮「麗澤学舎」落成式典出席のため訪台。同日、長男・孔維益逝去につき弔問。教育部、交流協会表敬訪問
〔六月十六日〕　（財）成人教学研修所、昌平黌学園の招きで来日。帰途、麗澤大学訪問。開学三十周年を記念して「三十而立」の揮毫
一九九〇年　七十一歳
〔十一月二十二日〕　湯島聖堂三百年記念行事に出席のため来日。十一月二十四日、廣池学園で「孔子の生い立ちと思想」と題して講演
一九九一年　七十二歳
〔六月十六日〕　（財）成人教学研修所創立二十周年記念大会、昌平黌学園孔子廟開廟九十周年記念行事出席のため来日。帰途、麗澤大学訪問、図書館に「東辟琳琅」の揮毫
一九九五年　七十六歳
〔八月〕　廣池幹堂が「第二回道徳教育国際会議」（モラロジー研究所主催）に孔徳成を招聘するが、都合で来日できず。資料として講演原稿「孔子の生涯と思想」を掲載
一九九七年　七十八歳
〔五月〕　廣池幹堂が「伝統の日」に孔徳成を来賓として招くが、都合で来日できず。六月一日、孔維寧が「伝統の日に寄せて」を代読
一九九九年　八十歳
〔六月五日〕　孔徳成夫妻と家族が「伝統の日」に来賓として出席のため来日。六月六日、「儒家の『伝統』観念」と題して特別講演
二〇〇一年　八十二歳
〔六月二日〕　孔徳成夫妻と家族がモラロジー研究所創立七十五周年記念「伝統の日」参列、ならびに麗澤大学名誉文学博士授与式出席のため来日。六月五日、名誉博士授与式で「孔子が重視した道徳・知識・学問」と題して記念講演
二〇〇三年　八十四歳
〔六月〕　廣池幹堂が廣池千九郎記念講堂落成記念式典に孔徳成を来賓として招くが、都合で来日できず。祝辞が寄せられる

二〇〇四年　八十五歳

〔三月三十一日〕　孔徳成の家族が麗澤大学入学式に来賓として出席のため来日。入学式で祝辞を述べる

二〇〇五年　八十六歳

〔一月二十四日〕　廣池幹堂が孔徳成にモラロジー研究所顧問の委嘱および肖像画贈呈のため訪台

〔十一月十五日〕　孔徳成が国立台湾大学創立七十五周年祝賀大会にて栄誉（名誉）博士学位を受ける

二〇〇六年　八十七歳

〔一月一日〕　孔徳成の曾孫、孔子第八十代裔孫・孔佑仁（孔垂長・呉碩茵夫妻の長男）が誕生

〔十一月二十四日〕　孔徳成の家族が全国協議会会長会（モラロジー研究所主催）に来賓として出席のため第十九回目の来日。孔子第七十七代裔孫・孔徳成、第七十九代裔孫・孔垂長、第八十代裔孫・孔佑仁が揃って来園。孔徳成にとって最後の訪日となる。十一月二十五日、「孔子の個人の品性修養と倫理道徳に関する学説」と題して記念講演

二〇〇八年　八十九歳

〔十月二十八日〕　孔徳成逝去。享年八十九歳

〔十一月三十日〕　台北市立第二殯儀館景仰庁にて馬英九台湾総統をはじめ五院院長参列のもと葬儀・告別式を挙行。モラロジー研究所・廣池学園を代表して廣池幹堂夫妻をはじめ七名が参列

二〇〇九年

〔九月二十五日〕　孔子第七十九代裔孫・孔垂長「大成至聖先師奉祀官」（特任官待遇）に就任。同年十二月、総統府国策顧問に就任

出典紹介

『論語』

『大学』『孟子』『中庸』とともに儒学の根本経典とされる「四書」の一つ。孔子が門人や当時の人々との問答や門人たちが発言した言葉を討論しながら編集した書。戦国時代初期から編纂が始まり漢代になって成立した。学而《がくじ》篇から尭曰《ぎょうえつ》篇までの全二十編、四九九章に収められている。「仁」を中心とする孔子およびその一門の思想が語られ、儒家の中心経典として中国伝統思想の根幹となった。注釈書としては、三国時代の魏《ぎ》の何晏《かあん》が後漢以降の注を集めて著した『論語集解《しっかい》』が「古注」と呼ばれ、宋代の朱熹《しゅき》が学者や自分の解釈を集めて著した『論語集注《しっちゅう》』が「新注」と呼ばれている。

『孟子』

「四書」の一つ。戦国時代の思想家・孟子（魯国の鄒《すう》の人）の言行を記録したもので、全七編、各編上下に分かれている。孟子は孔子の思想を継承し、孔子の孫・孔伋《こうきゅう》（字は子思《しし》）の門人に学び、王道、仁義の道徳を主張、人間の本性を善とする性善説を説いた。聖人・孔子に次ぐとして「亜聖」と称せられている。

『中庸』

「四書」の一つ。中国の哲学書。『大学』と同じく、『礼記』（小戴礼記《しょうたいらいき》）の中の一編で、南宋の朱熹が『中庸章句』という注釈書をつくり、全文を三十三章と定めた。孔子は「中庸」を最高の徳として「中庸は其れ至れるかな」《章句第三章》と述べ、偏らず、過不及のないことを表している。孔子の孫で、曾子の門人でもある孔伋《こうきゅう》（字は子思《しし》）が著したとされている。

『易経』（『周易』）

『書経』『詩経』『礼記』『春秋』とともに「五経」と呼ばれる儒学の経典の一つ。周初に成立したので『周易』とも呼ばれ、単に『易』とも言う。占いの方法では自然と人生との変化の法則を説き、儒家的な倫理や宇宙観を加えて解説している。伏羲氏《ふくぎ》（古代伝説上の皇帝）が八卦《はっか》をつくり、周の文王・周公が説明の句をつくり、孔子が解釈文を著したとされている。

『書経』（『尚書』）

「五経」の一つ。「虞《ぐ》書」「夏書」「商書」「周書」の四つに分かれ、尭・舜の時代から、春秋時代の秦の穆公《ぼくこう》までの王者およびそれを補佐した人々の言辞の記録。儒家の理想政治を述べたものとして最も重要な経典。『論語』や『孟子』では単に『書』として出てくるが、古代政治思想を記した「尚《たっと》い書」という意味から『尚書』とも呼ばれていたが、宋代以降は『書経』と呼ばれるようになった。

『詩経』（『毛詩』）

「五経」の一つ。西周から孔子の時代まで約五百年間の詩を集めたもので、古代中国の風土社会を背景に、そこに生きる人々の生活を歌った中国最古の詩歌集。三千余編あったものを、孔子が雅楽に合う三〇五編を選んで編集したと言われる。内容は風《ふう》（諸国の民謡）、雅《が》（儀式用の音楽）、頌《しょう》（祖先の徳をたたえる詩）の三部に分かれている。古くは単に『詩』と呼ばれ、漢代に毛亨《もうこう》が注釈を施したので『毛詩』とも言う。

『礼記《らいき》』

「五経」の一つ。礼についての解説・理論を述べたもの。前漢の戴聖《たいせい》が古い礼の記録を整理したものと言われ、『小戴礼』とも呼ばれる。周末から漢代に至る礼に関する解説・理論を記録編集したもの。日常の礼儀作法、冠婚葬祭の儀礼、官爵、身分制度、学問、修養など、当時の社会、制度、習俗を知るための絶好の書である。後漢の鄭玄《じょうげん》が注を施した『周礼《しゅらい》』と儀式のやり方や法制について詳述した『儀礼《ぎらい》』、それに『礼記』を合わせて「三礼《さんらい》」と称されている。

『大戴礼記《だたいらいき》』

周末《しゅうまつ》、秦《しん》・漢《かん》の儒家《じゅか》の礼に関する古い記録を整理し、礼節《れいせつ》の理論と解説を記したもの。前漢《ぜんかん》の戴徳《たいとく》が撰して整理したもの。単に『大戴礼』『大戴記』とも呼ばれる。八十五編中三十五編が現存しているが、『礼記』（小戴礼記）は甥の戴聖《たいせい》がさらに整理したものとされている。

『孝経』

孔子と曽子の「孝」についての問答を曽子の門人が記録整理したものと言われているが、編者は不明。孔子の「夫《そ》れ孝は天の経なり」〔孝というのは天の法則である〕という言葉から『孝経』の題名がついた。個人の修養から天下の秩序に至るまで、道徳の根源として「孝」を説いている。

『**春秋**』

「五経」の一つ。春秋時代の魯国の隠公《いんこう》元年から哀公《あいこう》十四年まで、十二公二四二年間を編年体で記したもの。魯国の史官の残した記録を孔子が手を加えて編集したと伝えられる。孔子は大義名分（人としての道、君臣、親子などのあり方、身分・立場などに応じて守らなければならない本分）の立場から是非・善悪を論じたが、それによって、君主を殺すような臣下、父親を害するような子が恐れるようになって「筆誅《ひっちゅう》を加える」（欠点や罪悪などを書きたてて厳しく責めること）という言葉も生まれた。

『**春秋左氏伝**』

孔子の著した『春秋』を補ったり、孔子の意図を説明したりした「春秋三伝」の一つ。『左氏伝』とも『左伝』とも言う。「伝」は経書の解釈、注釈書の意味で、著者は左丘明《さきゅうめい》とされているが、戦国末の偽作とする説もある。「春秋三伝」の中では、文学性もあり、事実を広く集めて史実を詳細に記し、後世に大きな影響を与えた。

『**春秋公羊伝**《くよう》』

『春秋』の注釈書。「春秋三伝」の一つ。単に『公羊伝』とも言う。戦国時代、子夏の門人である斉国の公羊高《くようこう》が著したとされている。後に前漢の武帝の時代に研究が盛んに行われた。

『**春秋穀梁伝**《こくりょう》』

『春秋』の注釈書。「春秋三伝」の一つ。単に『穀梁伝』とも言う。戦国時代、子夏の門人である魯国の穀梁赤《こくりょうせき》が著したとされている。三伝の中では、本文の意図をもっともよく伝えているとされている。

『**史記**』

中国最初の紀伝体（人物ごとの事績を中心に歴史記述したもの）の通史。前漢の司馬遷《しばせん》著。紀元前九一年頃完成。上古の伝説時代から前漢の武帝までの歴史を記す。本紀《ほんぎ》（歴代帝王の事跡）十二巻、表（史実を整理した年表）十巻、書（礼・楽などの諸制度を説いた文化史）八巻、世家《せいか》（諸侯の事跡）三十巻、列伝（個人の伝記）七十巻の全百三十巻からなる。後世、正史の模範とされた。

『**国語**』

春秋時代の列国の出来事を国別にまとめた書。「周語」「魯語」「斉語」「晋語」「鄭語」「楚語」「呉語」「越語」の八か国からなり、『春秋左氏伝』と同じ左丘明の著と伝えられるが不明。『春秋左氏伝』が『春秋内伝』と称されるのに対して、『国語』は『春秋外伝』

とも呼ばれている。

『後漢書』

中国二十四史の一つ。後漢の歴史を記した紀伝体の書で、南朝宋の范曄《はんよう》が著した。全一二〇巻。後漢王朝約二〇〇年十一帝の事跡が記されている。

『列女伝』

前漢の劉向《りゅうきょう》編による伝記・説話集。中国古代の女性百余人の逸話を賢母・烈婦を集めた「母儀」や「賢明」「仁智」などと分類されて収録されている。

『逸周書《いつしゅうしょ》』

周代の文王から景王までの布告や記録など雑多な内容からなる書。本来は『周書』であるが、『書経』で周代を記している「周書」と歴史書の『周書』とを区別して『逸周書』と呼ばれる。

『説文解字《せつもんかいじ》』

後漢の許慎《きょしん》の著した字書。『説文』とも呼ぶ。九千余字について五百四十の部首に分類し、漢字の造字法、意義、音を解説した中国文字学の基本的文献。

『阮元校勘記《げんげんこうかんき》』

清代中期の学者で学術の振興に尽くし、考証学の大家であった阮元が著した。数種の異本を比べ合わせて、その正誤、異動を正しく定めた書。

参考図書

〔四書〕

宇野哲人『論語新釈』（講談社学術文庫）講談社、一九九七年
江連隆『論語と孔子の事典』大修館書店、一九九六年
貝塚茂樹『論語』（講談社現代新書）講談社、一九六四年
加地伸行『論語』（講談社学術文庫）講談社、二〇〇四年
金谷治訳注『論語』（ワイド版）岩波書店、一九九三年
坂田新『論語紀行』（NHKライブラリー）NHK出版、二〇〇〇年
穂積重遠『新訳論語』（講談社学術文庫）講談社、一九九七年
諸橋轍次『論語人物考』春陽堂書店、一九三七年
諸橋轍次『論語の講義』大修館書店、一九八六年
吉川幸次郎『論語（上・下）』（朝日選書・中国古典選）朝日新聞社、一九九六年
吉川幸次郎『論語について』（講談社学術文庫）講談社、一九九三年
吉田賢抗『論語』（『新釈漢文大系』第一巻）明治書院、一九九四年
赤塚忠『大学・中庸』（『新釈漢文大系』第二巻）明治書院、一九六七年
宇野哲人『中庸』（講談社学術文庫）講談社、二〇一四年
伊與田覺『現代訳仮名論語（全）』論語普及会、二〇一三年
内野熊一郎『孟子』（『新釈漢文大系』第四巻）明治書院、一九九三年

宇野精一『孟子』（『全釈漢文大系』第二巻）集英社、一九七三年
小林勝人『孟子（上・下）』（岩波文庫）岩波書店、一九九四年
〔五経〕
石川忠久『詩経（上・中・下）』（『新釈漢文大系』第一一〇・一一一・一一二巻）明治書院、一九九七〜二〇〇〇年
白川静『詩経』（中公文庫）中央公論社、二〇〇二年
目加田誠『詩経』（講談社学術文庫）講談社、一九九三年
加藤常賢『書経（上）』（『新釈漢文大系』第二十五巻）明治書院、一九八三年
小野沢精一『書経（下）』（『新釈漢文大系』第二十六巻）明治書院、一九八五年
市原亨・今井清・鈴木隆一『礼記（下）』（『全釈漢文大系』第十四巻）集英社、一九八六年
竹内照夫『礼記（上・中・下）』（『新釈漢文大系』第二十七・二十八・二十九巻）明治書院、一九七一・七七・七九年
栗原圭介『大戴礼記』（『新釈漢文大系』第一一三巻）明治書院、一九九一年
今井宇三郎『易経（上・中・下）』（『新釈漢文大系』第二十三・二十四・六十三巻）明治書院、一九八七年
鈴木由次郎『易経（上・下）』（『全釈漢文大系』第九・十巻）集英社、一九七四年
高田真治・後藤基巳訳『易経（上・下）』（岩波文庫）岩波書店、二〇一四年
〔春秋三伝〕
小倉芳彦訳『春秋左氏伝（上・中・下）』（岩波文庫）岩波書店、一九八八・八九・二〇一四年
鎌田正『春秋左氏伝（一〜四）』（『新釈漢文大系』第三十〜三十三巻）明治書院、一九七一・七四・七七・八一年
竹内照夫『春秋左氏伝（上・中・下）』（『全釈漢文大系』第四〜六巻）集英社、一九七四・七五年
〔その他〕
栗原圭介『孝経』（『新釈漢文大系』第三十五巻）明治書院、一九八六年
大野埈『国語（上・下）』（『新釈漢文大系』第六十六・六十七巻）明治書院、一九七五・七八年
吉田賢抗『史記（七）（世家下）』（『新釈漢文大系』第八十七巻）明治書院、一九八二年
池田末利『尚書』（『全釈漢文大系』第十一巻）集英社、一九七六年

赤塚忠『中国古代文化史』（『赤塚忠著作集』第一巻）研文社、一九八八年
荒川紘『横井小楠の教育・政治思想』（「東邦学誌」第四十巻第一号）二〇一一年
江連隆・若林力『漢文名作選一思想』大修館書店、一九九二年
江連隆・塚田勝郎『漢文名作選〔第二集〕一古代の思想』大修館書店、一九九九年
江連隆『諸子百家の事典』大修館書店、二〇〇〇年
尾崎雄二郎編『訓読説文解字注（竹冊）』（東海大学古典叢書）東海大学出版会、一九九一年
鎌田正・米山寅太郎『漢文名言辞典』大修館書店、一九九五年
鎌田正・田部井文雄監修『研究資料漢文学一思想Ⅰ・Ⅱ』明治書院、一九九二・九三年
木村誠他『朝鮮人物事典』大和書房、一九〇五年
姜在彦『朝鮮儒教の二千年』（講談社学術文庫）講談社、二〇一二年
白川静『金文の世界』（東洋文庫）平凡社、一九七一年
白川静『孔子伝』（中公叢書）中央公論社、一九八八年
田部井文雄・菅野禮行・江連隆・土屋泰男『漢文学習ハンドブック』大修館書店、一九九〇年
廣池千九郎『新版道徳科学の論文』（第一～九冊・携帯版）モラロジー研究所、二〇〇八年
諸橋轍次『中国古典名言事典』講談社、一九九三年

【編訳者紹介】

淡島　成高（あわしま　なりたか）

1943年京都市生まれ。麗澤大学外国語学部中国語学科卒業（文学士）、台湾・中国文化大学中国文学研究所碩士班修了（文学碩士）。1969年貿易商社勤務を経て、麗澤海外開発協会の財団法人（現・一般財団法人）設立に参画、ラオス王国駐在責任者としてビエンチャンに赴任。帰国後1977年麗澤大学で教鞭（別科日本語研修課程および外国語学部）を執り、留学生対象日本語科目、学部の漢文学・中国語などの講義を担当。教授、別科長等を歴任。この間、日本語教育の普及と文化交流の任務で公益財団法人交流協会台北事務所に出向。2009年麗澤大学を定年退職。

現在、麗澤大学名誉教授。公益財団法人モラロジー研究所評議員。

著書・論文：日本語教育・対照研究関係および孔徳成氏講演翻訳記録等多数。

孔子直系第77代　孔徳成が説く孔子の思想

平成28年11月10日　第1刷発行

著　者　孔　徳　成

編訳者　淡島成高

発行所　麗澤大学出版会

発売所　廣池学園事業部

〒277-8686　千葉県柏市光ヶ丘2-1-1

TEL (04)-7173-3331

FAX (04)-7173-3154

http://www.rup.reitaku.jp/

印刷・製本　東光整版印刷株式会社

ISBN978-4-89205-637-6　C0010